公共考古分享录

玄鸟文丛

王子今 主编

月西日东

王仁湘 著

中州古籍出版社
·郑州·

图书在版编目(CIP)数据

月西日东 / 王仁湘著 . —郑州：中州古籍出版社，2024. 10
（玄鸟文丛）
ISBN 978-7-5738-1038-0

Ⅰ. ①月… Ⅱ. ①王… Ⅲ. ①考古学 – 文集 Ⅳ. ① K85-53

中国国家版本馆 CIP 数据核字（2023）第 219400 号

YUEXI RIDONG
月西日东

出 版 人	许绍山
策划编辑	郑　雄　　闵世勇
责任编辑	吴胜蕊
责任校对	唐志辉
装帧设计	曾晶晶

出 版 社	中州古籍出版社（地址：郑州市郑东新区祥盛街 27 号 6 层 邮编：450016　电话：0371-65788693）
发行单位	河南省新华书店发行集团有限公司
承印单位	河南印之星印务有限公司
开　　本	787 mm × 1092 mm　1/32
印　　张	13.125
字　　数	220 千字
版　　次	2024 年 10 月第 1 版
印　　次	2024 年 10 月第 1 次印刷
定　　价	52.00 元

本书如有印装质量问题，请联系出版社调换。

总 序

"玄鸟文丛"收入王仁湘《月西日东》、吕宗力《诸神在人间》、王子今《沧海大风》、陈文豪《庸儒斋随笔》、汤惠生《思想的形状》、李华瑞《平坡遵道续集》、朝戈金《雪地走橐驼》共7种随笔集。

"玄鸟文丛"的这几位作者都是考古学、中国史、民俗学、文学等学术领域学有优长,做出过一些学术贡献的学人。大多声名响亮,是名震一方甚至享誉海内外的学术领袖。但是这组作品的基本品质和主要内容，并不是非常严肃的学术论说，其学思往往溢于专业框架之外，因而多有自然、生动、新鲜的气息。但是所有的文字，又都是作者在自己学业基础之上的精心创作，往往在轻松的风格后面，透现出雄厚的学理基底。通过从容的叙说，读者应当也可以体会到深沉的思想脉动。

"玄鸟文丛"定名，由自中州古籍出版社出版人的建议。在上古神话传说中，"玄鸟"是沟通天与地，联系自然与人文的飞动的精灵。据说少皞部族联盟"纪于鸟，为鸟师而鸟名"。"玄鸟氏，司分者也。"玄鸟执掌着最重要的春秋季节转换。（杜预《春秋经传集解》："玄鸟，燕也。以春分来，秋分去。"）《诗·商颂·玄鸟》说："天命玄鸟，降而生商，宅殷土芒芒。"《史记》卷一三《三代世表》曰："诗人美而颂之曰'殷社芒芒，天命玄鸟，降而生商'。"《焦氏易林》卷九《晋·剥》言："天命玄鸟，下生大商。"其说由来于商人先祖"契"的生母简狄吞玄鸟卵怀孕的传说。《史记》卷三《殷本纪》说："三人行浴，见玄鸟堕其卵，简狄取吞之，因孕生契。"司马贞《索隐》引谯周云："（契）其母娀氏女，与宗妇三人浴于川，玄鸟遗卵，简狄吞之。"裴骃《集解》："《礼纬》曰：'祖以玄鸟生子也。'"而《史记》卷五《秦本纪》记载，另一影响历史走向的族群有关先祖的神话中，也有"玄鸟生子"情节："女修织，玄鸟陨卵，女修吞之，生子大业。"神秘的生命接续神话，将社会文明与"玄鸟"的轻羽联系起来，借助神翼实现腾飞。王褒《九怀·蓄英》言："玄鸟兮辞归，飞翔兮灵丘。"王逸注："悲鸣神山，奋羽翼也。"（《楚辞补注》，中华书局1983年版，第275页）汉人的"玄鸟"咏叹，似乎表达了特殊的文化感觉。"玄鸟"的飞翔与鸣叫，可能是丛书设计者的初衷。

近年"随笔"受到书界关注，"随笔"作为文体，其实有悠久的传统。放宽眼界来看，古来学者的许多"笔记""札记"，与今人所称"随笔"多有共性。近代思想家鲁迅的许多杂文，大略也可以归入通常所谓"随笔"一类。不过鲁迅似不用"随笔"之称。他的一些文章题名"随感录"，关心"随笔"文体史的学者，也许应当有所注意。鲁迅有作于1918年的《随感录二十五》《随感录三十三》《随感录三十五至三十八》，作于1919年的《随感录三十九至四十三》《随感录四十六至四十九》《随感录五十三至五十四》，以及《随感录五十六至五十九》《随感录六十一至六十六》，都编在《热风》中，收入《鲁迅全集》第1卷。另有《随感录》《随感录二十五》，收入《鲁迅全集》第8卷。据注释，收入第1卷者"据手稿编入，当作于1918年4月至1919年4月间"，收入第8卷者"最初发表于1919年4月30日《每周评论》第十五号'随感录'栏。原无标题，每则文后均署庚言"。(《鲁迅全集》，人民文学出版社2005年版，第8卷，第106至107页)鲁迅的《随感录》，有的有标题，多数则只有标号。鲁迅题《随感录》的文章，其中多有现今人常称为"金句"者，许多言辞透露出历史的真知。比如："不满是向上的车轮，能够载着不自满的人类，向人道前进。""多有不自满的人的种族，永远前进，永远有希望。""多有只知责人不知反省的人的种族，祸哉祸哉！"(《随感录六十一，不满》，《鲁迅全集》，第1卷，第376页)

对于我稍微熟悉一些的秦汉史，这样的议论不妨在这里引录："古时候，秦始皇帝很阔气，刘邦和项羽都看见了；邦说，'嗟乎！大丈夫当如此也！'羽说，'彼可取而代也！'

羽要'取'什么呢？便是取邦所说的'如此'。'如此'的程度，虽有不同，可是谁也想取；被取的是'彼'，取的是'丈夫'。所有'彼'与'丈夫'的心中，便都是这'圣武'的产生所，受纳所。"鲁迅说，"如此"以及"如此"之后，有三个层次的"算最高理想的表现"：1."纯粹兽性方面的欲望的满足——威福，子女，玉帛"；2.面对"死"，于是"求神仙"；3."造坟，来保存死尸，想用自己的尸体，永远占据着一块地面"。鲁迅三次用同样的语句强调："我怕现在的人，也还被这理想支配着。"他还写道："现在的外来思想，无论如何，总不免有些自由平等的气息，互助共存的气息，在我们这单有'我'，单想'取彼'，单要由我喝尽了一切空间时间的酒的思想界上，实没有插足的余地。"鲁迅所说的"现在"和我们今天面对的"现在"，已经相差104年。但是我们知道，他指出的"纯粹兽性方面的欲望的满足"以及其他层次的"理想"，依然"支配着""很阔气"的"现在的人"。

在言及"秦始皇帝很阔气"之说的前面一段话，鲁迅论"圣武"，也可以给我们有意义的启示。他写道："几位读者怕要生气，说：'中国时常有将性命去殉他主义的人，中华民国以来，也因为主义上死了多少烈士，你何以一笔抹杀？吓！'这话也是真的。我们从旧的外来思想说罢，六朝的确有许多焚身的和尚，唐朝也有过砍下臂膊布施无赖的和尚；从新的说罢，自然也有过几个人的。然而与中国历史，仍不相干。因为历史结帐，不能像数学一般精密，写下许多小数，却只能学粗人算帐的四舍五入法门，记一笔整数。"他说："中国历史的整数里面，实在没有什么思想主义在内。这整数只是两种物质，——是刀与火……""'刀与火'也触目，我们也可以别想花样，奉献一个谥法，称作'圣武'，便好看了。"（《随感录五十九，"圣武"》，《鲁迅全集》，第1卷，第371至373页）

鲁迅熟悉"中国历史"，尤其善于进行历史的透视，历史的总结，历史的理解和说明，也就是"历史结帐"。他的许多历史分析，是专门的史学工作者的榜样。

"玄鸟文丛"的作者们，应当都是赞同鲁迅的意见，也愿意探知和说明"中国历史的整数"的。"玄鸟文丛"中的文字，有些可以体现这样的努力。

匆匆以此短序回复出版社的要求，言略意长，但是没有经过深沉思考，希望不至于对不起这套"玄鸟文丛"，不至于辱没了其他6位好友。

承中州古籍出版社认真编校、正式推出，谨此代表作者表示感谢。至于读者是怎样的态度，是表扬赞许还是冷漠视之，或者批评鄙视，当然要待发行之后再注意倾听。

王子今

2024年10月于北京

源头在召唤（代序）

戴着母亲手缝的远游冠，挑起行囊，22岁的徐霞客开始了远行的旅程，他这一走前后就是30多年。徐霞客探索过许多江河源流，其中以对长江的考察尤为深入。出生在大江之阴的徐霞客拥有大江情怀，他要由江尾至江头究明奔腾的大江由何而来。

大江东流去，大江西源何处？成书于战国时期的《尚书·禹贡》有"岷山导江"之说，徐霞客对流传了2000

多年的此说心生疑惑。他"北历三秦，南极五岭，西出石门金沙"，查证金沙江源出昆仑山，长出岷江千里，由此断定金沙江才是江源所在。

"众人乘其流，夫子达其源"，400年前远行的徐霞客，他那样的精神也隐伏在许多人的血脉里。慎终追远，是我们与生俱来的情怀，对自然，对人文，我们敬畏，我们景仰。江河从哪里流来，我们怎么可以不闻不问不心动？你我从哪里来，我们的文明是怎样孕育诞生的，文明的源头在哪里，我们又怎么可以不瞅不睬不查考？

源头在召唤，先人与后人，你我他，都会有这种隐隐的感知。先贤书写下千古流传的英雄史诗文本，司马迁将华夏源头追溯到五帝时代。更有人再上溯至三皇或盘古传说时代，主打仍然是英雄文本，那些是神话了的英雄。人文源头探索，又因考古学的成长揭开新的一页，考古人的一只脚留在今天之时，另一只脚却已经踏上数千数万年前的废墟。

文明起源在数千年前，这只占人类史的百分之一都不到，如果将人类起源后300万年的全史压缩成一天，那文明史也就差不多只有2分多钟。而且关于人类起源的历史上限还在往前提，这个2分多钟的文明史基本可以忽略不计。如果要探索文明起源，那个过程是这2分多钟前面的20秒上下而已吧，相比之下更是倏忽一瞬。

这样算来，文明起源的探索似乎很简单，是关于一个很小时段的查访。其实不然，文明的出现，经过了漫长的孕育过程，放宽一点视野，在中国，这个过程经历了几个阶段：人类社会产生与发展，由婚姻组成家庭，由氏族社会进入等级社会；发明农业种植和家畜饲养业，从采集游猎经济转入农业和畜牧经济；发明建筑技术，由自然洞穴居所进入人工建筑居所，由时常迁徙进入定居生活；因血缘氏族形成聚落，又因部落联盟筑城而居；城邑居民因生业出现分工，因贫富形成等级，因社会复杂化导致邦国建立，千城星罗，万邦林立；逐渐形成埋葬死者的墓葬制度，信仰祖先神崇拜，这是史前造神运动的开始；发明制陶技术，烹调水准提升；发明煮盐，有了基本的调味品，促进了体格健康；发明酿酒，主要用于信仰祭祀仪式；艺术由萌芽到发展，刻画和雕塑艺术渐趋成熟，彩陶奠定了跨越史前至历史时期的艺术传统，这是由造神运动掀起的艺术浪潮；琢玉由装饰器制作转向礼器制作，将造神运动推向又一个高潮，这是东方独有的文化传统；中心城邑出现，宏大的治水工程见诸实施，建构起初级国家管理机构；最后发明文字，发明冶金术，人类终于走出混沌，文明诞生，王权与神权结合，国家出现。

经历了这样的风云变幻，历史一页一页渐渐隐没了自己的内容，一切都早已归于寂静。当我们唤醒沉睡的古遗址，感受到了废墟记忆的中国大历史的波澜壮阔，从混沌年代徐徐拉开的序幕，经历青铜熔铸的英雄时代，走进一统融合的大家园，一幕幕生动的历史场景历历在目。

考古人正是为着找寻失忆的年代，保存与传承一份真切的回忆，踏上了穿越时空的旅程。考古学研究的目标，过去关注较多的是物质文化，是陶器、石器之类，讨论的是文化传播、进化和发展模式。后来开始关注经济形态，关注环境、人口、资源与消费，资源影响到消费，影响到不平等现象出现，影响到文明与国家的形成。人们因共同利益聚集到一起，又因不同利益分化为阶层，社会结构模式提升，国家与文明出现。关注文明形成，梳理文化传统，成为考古人一个重要的科学课题。

考古人其实是现代社会和现代人通往古代探访信息的使者，也是辛劳的行者。使者要有自己的担当，这个担当是既忠实于现实，又忠实于历史，还心怀一个欣欣然向往的未来。这样的担当要经由不倦的探索来完成，尤其是人文源头的探索，经历过且还要经历许多的艰辛，不要说炎黄传说还是无所依凭，尧舜禹行迹也还只是初露端倪，考古人任重道远。

想来徐霞客之后又过去了近400年，对江源的探索才终于有了确定的结论。1978年国家江源科考队才确认长江正源，它真不是岷江，而是唐古拉山的主峰格拉丹东的沱沱河，这是当年徐霞客指出的方向。

江源确定不易，河源的认识也非常曲折。河源的最早记载是《尚书·禹贡》"导河积石，至于龙门"之说。唐代时认知河源出紫山，即今巴颜喀拉山。到元代、清代都有探考河源之举。近半个多世纪经历多次科考，至1985年国家认定玛曲为黄河正源，实地竖立起河源标志。这还不是最终结论，2008年三江源头科考队考察后，又建议将黄河源头定位于卡日曲。

长江和黄河都出现过五源说，有的河流还出现过十多个源头的说法，探源不易，远非一朝一代之功。华夏文明形成也有四千、五千、六千年或更早的认识，公允的更确定的结论还有待来日。

江河源头的召唤，我们感觉到了。文明源头的召唤，我们也感觉到了。源头的风景或许已经出露，也许我们已站立于源头却不识庐山真面目，太多的谜底需要揭示，变传说或证神话为信史，路程还十分遥远。

路漫漫其修远兮，吾将上下而求索。上穷碧落下黄泉，动手动脚找东西。到源头找没有见到的东西，观不曾看到的风景，那感觉一定非常美好。

目录

会议致辞

公共考古：广阔与平易的学问之道
　　——2003年在科学出版社的一次主旨演讲————003

贯通古今，连接中外
　　——在"边疆民族考古与民族考古学论坛·2011"作的总结发言————032

考古与公共考古
　　——2014年4月1日在中国考古学会公共考古专业指导委员会成立大会上的讲话————048

致探访古代社会的年轻使者们
　　——2014年5月18日在第三届李济考古学奖学金颁奖仪式上的致辞————058

共享考古

——2016年10月28日在公共考古荆楚论坛上的致辞————064

为考古学家树碑立传

——2019年11月7日在中国公共考古桂林论坛开幕式上的致辞————067

图书序跋

约你穿越到史前

——陕西科学技术出版社《中国史前遗址博物馆》丛书序————077

感受历史的斑斓

——四川人民出版社《中华文明之旅》丛书总序————084

徜徉在文明的长河

——文物出版社《考古与文明丛书》序————086

碎片之谜

——四川人民出版社《金沙之谜：古蜀王国的文物传奇》序————089

目　录

架起过去与未来的考古长桥
　　——巴蜀书社《考古学经典丛书》总序————098

我们一起寻根探源
　　——四川教育出版社《华夏文明探秘丛书》总序————100

天工巧思开万物
　　——文物出版社《天工开物丛书》序————104

丝路流光
　　——三秦出版社《丝路彩陶》丛书总序————107

古蜀时代营造的神界
　　——巴蜀书社《三星堆青铜器线绘与拓片》序————115

巴蜀符号与文字
　　——科学出版社《巴蜀符号集成》序————134

同世界一起成长
　　——写给《果壳阅读·生活习惯简史》系列图书的小读者们
　　————146

当漫画喜欢上考古
　　——上海古籍出版社《考古入坑指南》序————149

叩访古代中国的一位勤谨谦和的学者

——三秦出版社《中国史前考古学研究——祝贺石兴邦先生考古半世纪暨八秩华诞文集》序————154

童心塑达人　学问求放心

——巴蜀书社《清江深居集：近三十年来考古文物的研究与札记》序————183

抒发考古学家自己的情怀

——浙江大学出版社《万年行旅：一个考古人的独白》序————192

楚钟与楚文化

——人民音乐出版社《楚钟研究》序————204

说琮

——上海人民出版社《方圆一体：玉琮的故事五千年》绪言————207

君子谦谦，约而束之

——上海古籍出版社《善自约束：古代带钩与带扣》自序————211

符号、信仰与前文明时代

——巴蜀书社《符号时代：信仰与早期中国》绪言————215

神话的真相

——南方日报出版社《图说中华文明发生史》序———226

书评文论

北京何来

——读王光镐《人类文明的圣殿——北京》有感———235

考古寻根之路

——读朱乃诚先生《中国文明起源研究》随想———248

用一柄手铲解读史前中国

——读《石兴邦考古论文集》有感———257

用热情浇灌的三峡故土

——《永不逝落的文明：三峡文物抢救纪实》感怀———275

中国聚落考古学研究的力作

——《长江中下游地区史前聚落研究》读后有感———280

中西文化大通道上的又一位行者

——读韩建业教授《新疆的青铜时代和早期铁器时代文化》有感———288

解读地书　检校天罡

　　——冯时《中国天文考古学》品评录————296

游走在考古学、历史学和民族学之间

　　——《考古学民族学的探索与实践》读后有感————303

赋闲随想

让往古从往古走来 ————313

中国考古日：让我们一起去访古————317

虚拟考古：小众与大众连通的多彩纽带————322

彩陶：史前人的心灵之约

　　——"大河上下：黄河彩陶大展"观展感言————327

谁在陶上画个甚

　　——读《观陶记》，与老树唠个嗑————344

丝路圣城

　　——"成都与丝绸之路文物大展"前言————358

弥合历史罅隙的智慧之光————382

走进往古

——四川大学出版社《20世纪中国考古大发现》题记————*387*

人在从前————*392*

后记————*395*

会议致辞

公共考古：广阔与平易的学问之道

——2003年在科学出版社的一次主旨演讲

中国考古学发展到今天，已经让考古学家们越来越感到，它不再仅仅是属于职业学者的事情了。公众有了解考古学的愿望与权利，考古学也感到有让公众了解的必要，考古学与公众之间的联系愈加紧密。公共考古学在中国的建立，已经有了比较坚实的基础，它是考古学由封闭和神秘走向广阔与平易的学问之道，也是考古学发展的必由之路。

我们注意到，考古学对国民中的许多人来说，还相当陌生。虽然很多人在很大程度上都关注过那些激动人心的重大考古发现，但相当多的人其实并不完全知道考古学究竟是怎么一回事。当一个新发现突如其来，当考古学家自己非常有成就感的时候，他们之中有的人也许并不想理会公众的感受，也不会想起自己对公众应当承担什么义务。不过我们也逐渐感受到，这两方面的状况正在发生明显的改变，这是让人感到欣慰的事情。

对于公共考古学的建立，我有一些很不成熟的思考。我下面的这些话可能一时还不能为业内学者所体谅，但论道的却都是与学者们有关的感受与体验，大家虽然有可能会觉得这是小题大做，但我想也许还不至于不屑一顾吧。

一、作为考古学家的考古学

考古学是什么？这个问题如果放在一二十年前，很多人会不知所云，但在传播媒体广布的今天，一般人似乎都不会不明白，至少会想到考古学大约是研究古董的学问。当然这不算是科学的定义，只是一种公众眼光，人们很容易将考古学与文物学合二为一，而且常常是将文物学取代考古学。比较起来，现在的人应当说知道有考古学就已经是一个很大的进步了，再要多多往前进一步，还得等待些时日。

关于考古学，比较严谨的定义现在不能说没有，但是在考古学家们自己的论著中，依然还有不少歧说，在我们的笔下时常还会有"什么是考古学"之类的争辩。有时候这一论题往往越辩越模糊，甚至会让人不知所措。要知道考古学进入中国接近一个世纪了，我们真的不知道它有哪些用处，那当然是说不过去的，但明白的事物偶尔也会有不明白的地方，经常做些讨论，也是有些用处的。

对考古学家们来说，好像这是一个最不必要讨论的问题。考古学家们聚在一起要问"什么是考古学"，当然这可以说是明知故问。不过且慢，要知道有些最浅显的问题有时又是最不易回答明白的。一个学科常常要为它的目标发问，学者们由此展开没完没了的争论，这是很令人奇怪的。不明白考古学会不会是唯一这样的学科，是不是还会有什么是数学、什么是化学之类的争论。许多人在那里辛辛苦苦地考古，为它做了半辈子做了一辈子，却不能完全知道最终为了达到一个什么样的明确目标，这样的研究能做得好或者很好吗？一个世纪了我们还在讨论它的定义，这究竟是怎么了？不过沉静下来想一想，找不着北，也许正是这个学科生命力之所在，是它的发展之所在。它有一些捉摸不定的目标，它不断有新的目标，它好像没有自己的终极目标。我们考的虽是古，却不能逃避它为现实服务的一面，也许正是因为如此，考古要随着社会的发展和社会的需求不断跟进，所以这个学科总会有新面貌出现。

考古嘛，就是发掘取证（不是挖墓取宝），考察古代的事情。说起来也很简单，听起来也不糊涂，其实呢，远不止于此。考古学大概属于那种浅近而又难于阐释的一类学问，要不然夏鼐先生就不会积一生之体验，在他逝世的前一年以"什么是考古学"为题，细作八千言的解说了。夏鼐先生这样为考古学下定义："考古学是根据古代人类活动遗留下来的实物来研究人类古代情况的一门科学。"言简意赅，夏先生特别强调我们考的是古代而不是现代，是实物而不是文献。根据夏先生的原意，再说得浅显一点：取古代的物研究古人的事，考古之谓也。

夏先生去世后，快20年过去了，我们仍然还在热烈地讨论"考古学是什么"这样的问题，有时我们自己把自己也弄糊涂了，不知是不是夏先生原来的定义存在什么不妥。我想这是不是有点像木匠们聚在一起，反复讨论木工是做什么的这样的事情。也许小木匠说他是做桌椅板凳的，老木匠说他是修楼阁宫殿的，自然还有人会说木匠也曾造过浑天仪，神话中的天梯也可能是木匠修建的。凡做木制品者，皆木匠也。是不是可以说，凡研究古代事物的，都是考古匠呢？也许建造宫殿的人，是不愿你将他们与做桌椅的小工匠相提并论的。考古这个行当的人未必也有这样的心理，但考古人也像木工一样，确有大小精粗之分，他们对考古会有不同的理解，他们的努力有着远近不同的目标，相互之间存在差别是不难理解的。大木匠对小木匠的作品——小板凳尽可以不屑一顾，但你要说他干的不是木匠活，他不算是木匠，甚或要将他驱逐出木匠阵营，那是不是矫枉过正了呢？

关于考古学的目标，最直接的就是夏先生所说的那样，是取古物研究古事。依现时考古学的发展趋势看，这个目标已然显得有些模糊了。考古学学科的视野大大扩展了，在研究范围上也明显突破了传统领域，它的触角已深入许多相关学科之中，它也越来越强地吸引着相关学科的注意力。我们应当能感觉到，考古学已经越来越不堪重负，如果我们还固守自己那一方自以为"纯洁的"领地，那将是一种悲哀。

考古学研究是一个系统工程,发展到今天,我们觉得它至少要经历探取证物、整理描述、分类链接、整合复原四个程序。我们从业者在其中扮演着不同的角色,这些角色是分不出孰轻孰重的,哪个环节都不能小视,哪个环节出了问题,都会影响到我们结论的准确度。

1. 探取证物

许多的学问是坐而论道,而考古学家们常常要行而论道,考古不是产生在书斋里的学问,而主要是成就在田野里的学问。大量的证据来自广阔的田野,这些证据并不仅仅限于那些具体的器物,而是包括所有物与事在内的综合信息。我们这里所说的"事",为"事象"之谓,是指古人行为的所有最终结果,也就是种种考古迹象,包括我们的双眼看得见与不能直接看见的迹象。考古寻物易寻事难,过去我们重于寻物而疏于寻事,不自觉地破坏了许多信息渠道。需要特别强调的是,传统的考古方法已不足以用来获取必需的信息,所以我们要借助多学科的技术帮助,甚至要恭请一些考古门外的专门家直接参与其事。

2. 整理描述

对获得信息进行整理是考古学家们产生初步认识的过程，描述则是对信息的记录过程，对所获信息的初步整理，可以方便自己也方便更多的人来了解这些信息。这个过程越客观，描述越准确，我们就会越接近历史的真实面貌。这个描述尽管可以有突出的重点，有受关注的热点，但也要面面俱到，不能有忽略，不能有舍弃。

3. 分类链接

考古信息会包罗万象，这些信息对考古研究而言实际上还只是一种初级产品，还需要进行深加工。深加工的技术手段，考古学家们不可能全部掌握，还要将这些产品推向其他研究部门。如关于环境、地质、冶金、农业、铸造、建筑、天文、艺术、音乐、医药等方面的信息，甚至于纺织、饮食、酿造、陶瓷、礼俗、人类体质和出土文献方面的信息，不能希望考古学家们将这些方面的问题都能圆满解决，应当通过相应的学科作深入研究，必须链接相关学科，征得它们的参与与帮助，才有可能作出比较准确的解释。

4.整合复原

对于一个具体的考古对象,考古学家们根据自己的研究,结合相关学科反馈的研究成果,再作整合复原,就可以得到一个比较客观的历史片段。将所获得的若干片段缀合起来,或者将相似的对象提取出来作关联研究,我们就可以得到一个时段或一个方面的比较完整的物事内容,还可以再进一步对这些物事作因果义理阐释。至此,一个具体项目的考古学研究任务就算基本完成,达到了我们预定的目标。

凡进入这四个程序中的任一人员,具有某一方面的建树者,都可以看作考古学家或准考古学家。但是,这样的考古,基本上只是学者们的考古,它与公众之间,还横亘着一条鸿沟,公众也许偶尔会驻足望上它一眼,不过是雾里看花,水中望月。应当承认,以往的考古太缺乏一种亲和力了。

二、作为公众的考古学

考古学是什么,我们想进一步由公众的角度提出讨论。我们想说，考古学是发展的，考古学有传统与现代、与未来之分，它不会一成不变。我们的学科经历了由古物学、金石学到考古学的转变，由书斋到田野的转变，由关注物象到关注事象的转变，由关注物到关注人的转变，由关注本体人到关注行为人的转变。目前考古学正在面临一种新的变革，那就是由封闭到开放、由象牙塔到公众普及的转变。

1.考古学的公众关注度

考古学让考古学家们很容易有自己的成就感，也很容易有神秘感。但究其实质，考古学是通过历史实物遗存研究古代公众行为与思想并借以窥探真实历史的科学，是今人解读古人的科学。既然是研究古代公众，这门学问就具有了明确的公众性，它原本应该是非常贴近公众的，应当易于为公众理解和接受。

更直截一点说，考古学在一定程度上是由历史文化的遗留物研究过去知识体系的学问，这样的知识体系其主体部分并不一定十分高深，而且它与公众也是非常贴近的，它是当代知识体系的反向延伸。过去是一个个起点，当今这里有一个个止点（不是终点，知识也许不会有终极）。这样的知识体系对公众来说，他们不会感到非常陌生，也不会拒之于千里之外。

基于这样的认识，我们可以说，考古学不应当只是考古学家自己的事，考古学并不是也不应该是不关公众的一门神秘高深的学问。公众对于考古的热情，从他们对近年一些电视直播考古活动的关注度上可以体会到，有人用"万人空巷"来描述直播的吸引力虽不免有些夸张，但要说考古直播是仅次于世界杯足球赛直播的最受公众关注的电视直播，应当说是恰如其分的。

安于平凡生活的人，大多都怀有一颗好奇的心，好奇周围，也好奇过去与未来。一个满怀信心的人对自己年少时代的回忆，常常会令他津津乐道，这回忆会伴随着他坚实的脚步，直到永远。一个生机勃勃的民族对自己久远历史的回味，则会是一种永不衰减的兴致，这历史是民族进步的永不枯竭的源泉。关心自己的过去，关心祖先的过去，关心民族和国家的过去，关心整个人类、整个世界的过去，这是一个思维正常的人所具有的天性。

《论语·学而》引曾子语曰：慎终追远，民德归厚矣。慎终追远，是人类礼敬先人、追述传统的优良德行之一。而家宝和国宝，正是"追远"的最好道具。每一个考古发现，都会将公众的思维牵引到遥远的古代，都会成为他们"追远"的一个好机会。

公众既然关注，我们就应该顺应这种需求，在我们与公众之间搭建起一座跨越鸿沟的桥梁。由此我想到，前面提到的考古学家的四个研究程序中，应当再加上一个程序，这就是公众传播程序，这个程序的操作将在后面提及。

2. 考古学的公众适用度

考古学对于公众究竟适用度如何，也就是说它对公众具体有些什么用处呢？这个问题很好回答，也不好回答，不容易回答完整。

就考古发现而言，不同的人群会对不同的发现有不同的兴趣。如天文学家对古代墓室的天象图，地理学家对古代的绢绘地图，建筑学家对古代都城内的夯土台基，冶金史家对古代矿井和炼炉，思想史家对先秦时代的简册文献，美术史家对古物上的绘画与纹样，他们比起常人来会表现出更高的兴致。当然也有公众共同感兴趣的东西，像埃及的金字塔考古，还有马王堆、三星堆和秦始皇陵兵马俑的考古，都是大家津津乐道的话题。还有里耶的九九乘法表、汉代九宫幻方，连少儿都会表现出浓厚的兴趣。这种兴趣扩展了人们的知识领域，这是考古适用于公众的重要意义之所在。

了解考古是公众提升自身修养的一个方式，在扩大知识领域的同时，还可能会完善认知能力，提高全面客观理解世界的能力。一个普通人具备考古学素养，他会在形象思维中了解历史，认知人类的过去。他就拥有了一双看透历史的眼睛，有了一个由过去看现在与未来的清醒头脑。对于大众来说，认识考古，接触古物，他们接受的是传统文化的熏陶，是民族精神的洗礼，这一点是非常重要的。

中国人素有"好古"的雅风，喜收藏，兴赏鉴。早在青铜时代，文物收藏已成传统。殷商大量埋藏用于占卜的甲骨档案，周代王室则多以名器重宝传之子孙。现代的收藏爱好者队伍有越来越壮大的趋势，而考古知识的熟悉与积累，则是收藏者提高品位的一个重要路径。

既然考古学是关乎公众素养的大事，我们便可以认定了解考古是公众应当受到尊重的权利，而让公众了解考古则是考古学家应尽的义务。疏通这种相互了解的渠道，我们还有许多工作要做。

3. 考古学的公众参与度

考古学与考古学之外的学者，与普通的公众，存在着一种非常密切的关系，他们都有可能是考古学研究的参与者。其实许多相关学科的学者，也是属于公众之列的，所以我们对他们介入考古，也视同公众一般。考古学在很大程度上是可以吸引公众广泛关注与热心参与的学问，这种参与度随着时间的推移将会愈来愈热烈。

考古学与学人的局限，对此有的人是非常冷静的，他们认为要当一个称职的考古学家很难。要拥有万能的知识，确实很难，难到让你觉得不现实。考古学似乎是万能的，又似乎是无能的。它要涉及许多方面的事物，比任一学科都要庞杂，所以说它是万能的。但它对所涉及的事物一般又不能给出完满的解释，没有准确的答案，显得无能为力，所以我们说它是无能的。由于考古获取的资料包罗万象，涉及许多相关学科，尽管考古学家可以作出方方面面的努力，也不可能包揽一切，把所有的问题都研究透彻。考古学不得不变成一只不断生长触角的怪兽，它伸向越来越多的领域，它要寻求各方面的支持与帮助。

我们不能希望考古学家都成为万能的学者，在人类庞大的知识库里，我们难道没有觉得自己过于渺小吗？

历史学家的考古学

考古学与历史学的关系最为紧密，正因为如此，考古学常常被当作历史学的附庸，它们有着相同的目标，区别仅在于论据的性质以及获取论据的手段。夏鼐先生将考古与历史比作车之两轮、鸟之双翼，正是从大历史学的角度对考古学的一种理解，将考古学与狭义历史学相提并论。

读国分直一和金关丈夫所著的《台湾考古志》，卷首有金关丈夫假拟国分口气说的一段话，说到史学与考古学的区别。他说："假设内人写信给我，信上并没有特别注明我爱你，那么这封信就不能成为了解内人爱我的史学性资料。可是仔细看这封信，在写我名字的地方有些许潮湿的痕迹。虽然没有用词语表达爱意，但推测这可能是内人曾在我名字上亲吻过，成为了解内人爱我的极佳考古学性资料。这就是史学和考古学的差异。"虽然国分直一可能并没有说过这席话，至少它表达了金关丈夫的意思，考古学与史学的区别还是比较明显的。

在古代，史学中原本也是包容了与考古相似内容的。伟大的太史公司马迁著《史记》，其中《五帝本纪》一篇兼采百家之说，追述人类初祖事迹，他曾经"西至空桐，北过涿鹿，东渐于海，南浮江淮"，考察五帝遗迹，以近乎现代考古学的艰辛调查去印证文献与传说。对于现代学术而言，历史学对考古学的关注更是与日俱增，考古学的发达为新史学的发展开辟了一条新的坦途。历史学家在考古学家那里看到的是支离破碎的历史残迹，他们想将这些残断的碎片连缀起来，借以恢复已经湮没无闻的历史片段。但是考古提供给史学家的，往往是一些太过于原始的东西，生涩的表述无法让人亲近。隔岸观火的史学家，他们具有另类的眼光，旁观者清，对考古材料会有精当的解说。更何况现代史家中的后起之秀有的就是学考古出身，具有良好的考古学修养，他们有时比考古学家们更懂得考古，只是没有田野作业机会而已。

人类学家的考古学

人类学将考古学列为它的一个主要分支，称为考古人类学。人类学与考古学的研究目标相同，关注的问题一致，只是在研究对象与方法上有区别。这两个学科之间是相通的，可以互为借鉴，互作补充。人类学面对的是富有生气的完备的活材料，而考古学面对的却是没有言语的不完整的死材料，所以考古学不可避免地要借用其他学科包括人类学的理论与方法。而人类学对人类漫长过去的认识，也离不开考古学的帮助。人类学集中在文化和社会现象的研究上，在诸如婚姻、家庭、亲属制度、经济生活、社会生活、政治制度的历史研究上，通过考古学途径获取资料是不能缺少的。

比如人类学和考古学都关注人类的体质形态，体质人类学研究被考古学作为自己一个必备的项目。人类学自然也关注考古所获得的人类学资料，也寻求通过DNA分析手段了解人群相互关系和今古人之间的联系。

科学史家的考古学

举凡考古所获得的冶金、农业、铸造、建筑、天文、地理、艺术、音乐、医药、陶瓷、印刷等方面的信息，科学史家是非常感兴趣的，这是文献上见不到的直观论据。他们对这些资料的理解，他们所进行的研究，远非考古学家所能企及。考古学为科学史的研究提供了一个重要的平台，它吸引了科学史家亲近考古学，亲近考古学家。

平头百姓的考古学

按一般意义理解，考古学对于学者之外的公众，它的吸引力可能要小一些，也许是可有可无的，或者是知之不觉多，不知不觉少。其实考古发现就在他们的身边，在他们的田间地头，在他们的墙根屋后，甚至在他们的锄头下、在他们的炕头上（有一个农民将4000年前的巨型石磬铺在炕上）。

其实平头百姓与考古的关系是非常密切的，他们常常在第一现场接触到考古资料，发现古代遗址和遗物。许多的百姓对考古都曾做出过自己的贡献，许多重要的考古发现最初都是由平头百姓找到线索的，比如三星堆、马王堆，还有秦俑坑、擂鼓墩，哪个不是这样？

我手头没有准确的统计资料，但可以做出一个估量，就是全中国的考古从业人员，持有发掘证照的，也许超不过1000人，加上其他辅助人员，恐怕超不过10000人，可能在5000～10000人之间。一个让人们瞩目的行业，只有这样一支非常弱小的队伍。我们需要一个强大的外援队伍，这个队伍的主体是乡村的农民、城市居民，还有中小学学生等。

我们知道，许多原本应当是十分重要的考古发现却被平头百姓不留神破坏了，成都金沙遗址是被挖土机挖出来的，司机将大量精美的玉石器挖成了碎片，将包括錾有鱼鸟纹的金冠饰在内的大量稀世珍宝铲出来又埋下去还浑然不知。

那些有意无意地带有破坏倾向的人，按最保守的估计，恐怕要以百万千万计，要超出我们从业人员数万倍数十万倍，这不是一个极大的威胁吗？要化解这种威胁，除了依靠法治的力量，很重要的一点，便是用学科知识对其进行教化。这个重任对我们从业者来说，是责无旁贷的，没有另外的人可以取代。所以我们应当用心、用力，通过出版物、电视等媒体多作宣传，要让公众像爱护自己的家产一样爱护历史文化遗产。

除了提供考古线索，公众也会由考古学吸取精神营养，他们中的一些有心人还会成为业余考古学者，会以特定的视角解开那些千年的疑难。我认识一些这样的人，有人确曾在考古研究中作出过自己的贡献。

考古学强调一定程度的公众参与，对学科本身的发展，将会有如虎添翼的功效。各行的学者关注我们，普通的百姓关注我们，也是我们莫大的荣耀。水涨能使船高，民族的整体素质提高了，学科发展的水平自然会得到提升。

三、公共考古学 ABC

公共考古学中的公众，是除考古学家以外的公众，可以是专家学者，可以是农工学商，也可以是妇孺耆老。

人人都可以成为考古学家,在一定意义上说,人人都是准考古学家。当然作为公众的考古学,与专业考古匠的考古学是不同的。就像我们常人在家中小炒,你尽可以做出若干种美味来,却不可能与高级厨师匹敌;也许你设计盖一座二层小楼也不在话下,但却不可能与设计院的建筑师平起平坐。

厨师有烹调原理,建筑师有建筑原理,平凡的劳作与高深的科学一样,都有一定之规,有规律、有原理。研究越透彻,懂得越多,就可能做得越好。公共考古学也该有自己的原理,只是我们眼下还提不出太系统的框架来。现在有所作为的领域,主要是考古学向公众的传播。我们需要传播给公众的,有考古发现本身,有考古研究的过程与成果,也有考古学的要义和一般方法。关于考古学研究的公众参与,我们还要细作考量。

1. 考古学的公众传播途径

为了让公众了解考古学在做什么,做了什么,做成了什么,考古学家需要完成一个新程序,即传播程序。考古学向公众的传播,首先要做到亲近公众,不要那么生硬，不要那么八股，更不要那么故弄玄虚。在向公众传播的过程中，我们首先面对的可能是我们自己头脑中存在的陋习，有一种资料垄断的毛病，这就是一个头号的敌人。

考古学向公众的传播，要有不同的手段，也要考虑到不同的层次，要尽可能争取更大范围的成果共享。传播包含有灌输的成分，这样的传播是广谱的，你要引领公众完成一种超越——从当代到往古的超越。如何让公众了解考古？除了最直观的博物馆展览，当然主要是依靠各种传播媒体了。最常见的是平面媒体出版物，还有受众更为广泛的电视媒体和公共网络。

最直观的是博物馆的展览，但在我们的国度，光顾博物馆的公众实在是太少了。这当然有各方面的原因，如有社会的经济的局限，也有整体素质的局限。实际上并不是我们的陈列品不精美，可是相当多的人却没有受到吸引，问题究竟出在哪里呢？从国民现实状况出发，我们应当考虑的首先是要取消博物馆的门票，尤其要取消高门票制度，要对学生层面的观众免票开放。教育部门应当根据国情确定学生参观博物馆的最低次数，对于城区和近郊学生要有较高要求。其次是博物馆要增加陈列的生动感和临场感，要体现出一种亲和力。我在香港参观"香港的故事"展览，同是考古与文物展览，给人的印象深过普通展览的十倍百倍，感觉是进行了一次穿越时空隧道的旅行。你不能仅仅是摆上几个有裂纹的罐子，放大几张图片，写几行解说词了事。要把观众的多少作为衡量展览成功与否的一个标志，达不到预定观众数量指标的展览要及时改展。

对平面媒体方面而言，不论是考古资料还是考古研究的过程与结论，都要有不同层面的东西。考古报告应当至少有两个版本，首先是专家版本，也就是传统版本，是考古学家们自己读的原汁原味的传统作品；其次是大众版本，是平易通俗的普及版本。传统的考古报告和大型图录通常只能印到 1000～2000 册，真正对它感兴趣的是专家中的专家，也许最终读者只有几人几十人。面对虽然印刷得精美无比的著作，我们自己会有多大的成就感和自豪感呢？它所能起到的有限作用难道不会令我们汗颜吗？如果将考古报告包装成大众版本，图文并茂，那读者将会是以千计以万计。对于后者我们做过一点尝试，这样的著作能够一版再版，可以发行1万册甚至数万册，影响面之广泛，远不是传统报告可以比拟的。由专业化向大众化的转变，除了观念上的转变，其次就是语言文本的转换，我们要由只专注专业研究向同时关注社会大众的需求转变，由程式化描述向故事化叙述转变，由艰深晦涩向平和生动转变，由仅关注结论到同时也关注过程转变，由不关情到动情转变。

现代人类学研究中有影视人类学，除了以图片形式对研究对象进行记录，还广泛采用电影电视的拍摄形式，制作出来的影片不仅是一个学术成果的记录，它的直观性和易于理解，也会吸引非人类学者乃至一般公众的兴趣。遗憾的是，考古学至今还没有一部考古学者自己拍摄的考古学成果专题影片。专业的电视工作者虽然有过一些此方面的作品问世，但常常不为专家们认可，有时一些过分炒作还招致不少非议。我们应当借鉴影视人类学的成功经验，在考古系设立影视考古学专业，培养新一代的学者式编导，拍摄出学者与公众喜闻乐见的考古专题片，它既可以作为传统纸质发掘报告的一个补充同时发行，也可以略加改编转卖给电视台向公众播出。

网络作为一个覆盖面广泛的大众传播媒体，是考古学走向公众的桥头堡，它可以以最快的速度实现教研学与公众的沟通，是大众在第一时间了解考古学的平台。考古学家应当发挥网络优势，尽可能缩小与公众之间的距离。

各类媒体其实还可以联合行动，适应公众需求，从公众有可能比较感兴趣的话题入手，做点儿实在的普及工作。在这个过程中，考古学家应当发挥主体作用。当然考古学的大众化并不等于庸俗化，也不能让伪考古学借机泛滥，不能打着科学的旗号去做违反科学原则的事情。

2. 考古学在商潮中的公众化

近十多年来，考古已在商业化中加速了公众化的进程。仰韶集团的仰韶酒、泸州国窖酒、甘肃的皇台酒、成都的水井坊、秦俑奶粉等，都是考古学的间接产物。一些考古发现虽然通过商潮进入公众视线，但它们并没有立时成为公众能准确理解和普遍接受的知识，问题出在商家身上。

目前的滚滚商潮更多体现的是商业利益，没有顾及更多的考古学效应，如果在那些考古品牌的酒类包装上印上一些基本知识，多做一点客观的宣传，也许可以让更多的人能多长点见识，多受点文化熏陶。

我们是否还可以将欣赏考古成果作为大众的一种高层次消费呢？这方面一定有许多的事情可以做，如何做好，还可以进一步探讨。

3.考古学在基础教育中的公众化

最近我得到两个令人鼓舞的消息。北京的一位同行说，他尝试着在一所学校向学生展示龙山文化陶片，后来学生们放学后在田野里采集了许多陶片，发现了一些遗址线索。内蒙古的一位同行则说，他也曾在一所学校向学生们展示了不容易辨识的细石器，待学生再上学时一人带来一兜子细石器。这是很了不得的事情，让我们深有感触，也深受启发。于是我想到，如果在小学高年级或是初中阶段，能在教育部的部署下，结合历史课的教学，只需拿出两三个课时，进行一次"10片"教育，那效果之显著，一定是可以预期的。我说的"10片"非常基础，即石片、骨片、陶片、铜片、铁片、瓷片、纸片、布片、竹木片、砖瓦片，通过这些历史遗留的碎片认识存在于自己身边的历史，提高每一个国民的基本素养，同时也发挥发现考古线索和保护文物的作用。

考古学它也是一门科学，与一般自然科学和技术科学一样，也需要增强公众意识，也需要普及，只是我们没有紧迫感，所以还感觉不到有多大必要。不像电学那样，普及得越好，不仅电能发挥作用更好，而且用电事故也会少。应当像文学、音乐、美术、数学一样，考古学有必要成为公众中享受过中等教育人士的一种修养。

人类学家庄孔韶在《人类学通论》一书的序言中有这样一句话："希望大学生听了这门课能把人类学的理念传播给全国各地的朋友。"他盼望有更多的人来了解人类学。培根有一句话说：科学的力量在于公众对它的了解。那么考古学的力量呢？如果把它归之于科学之列的话，它会是例外的吗？它会拒绝公众吗？它会忌讳公众的靠近吗？

请允许我在这里借用《文物天地》杂志的广告语来

表达这样一种时代的需求：

> 因为考古人的努力
> 一些传说变成了真实的历史
> 一些抽象的历史事件变成了可以复原的场景
> 专业的考古发掘开始与社会发展及日常生活息息相关

> 尊重人们对历史文化遗产的责任心及关注
> 尊重人们对自己的民族的重大事件的浓厚兴趣
> 尊重人们对寻找探索发现过程的好奇天性
> 探索发现背后的秘密
> 重建中国人对中国文化的想象

这些话写得很好。尊重人们的责任心、尊重人们的浓厚兴趣、尊重人们的好奇天性，这是考古学家们对公众应当抱有的最基本的态度。考古发掘与社会发展和日常生活息息相关，这是包括公众和所有有良知的考古学家们的共识。考古其实距离公众很近很近,它本来就该是一门公众可以广泛参与的学问,它的一般学问也非常平易,没有那么神秘。打破了这种神秘与距离感,考古将走向一条广阔与平易的学问之道。公共考古学是考古学发展到今天的一条必由之路,也可以看作考古学发展走入的一个新阶段。

当我听到这样一些故事时,有些震惊。一个听到博物馆这样的字眼便兴奋不已的学龄前儿童,在参观古生物化石陈列时冷不丁地对妈妈说:等你死了就把骨头放在这样的柜子里,我一想你就可以看到你。还有,一个刚入学门的小学生在放学路上捡回一个破罐子,说要让研究考古的爸爸帮助考考年代。在他们幼小的心灵里,已经培养起了对古物的一种正确正常的态度,他们只不过受了一些熏陶而已。从这两个例证中我们可以增加不少信心,孺子可教,如果我们的国民在他们幼小时都能适当接受相关教育,那我们看到的将会是另一番景象。我们并不必期望每一位未来的国民对中国考古作出多大的贡献,但至少他们不会成为一个负罪的破坏者,或者沦落为可耻的盗墓贼。

近年来我有想写一本书的强烈冲动，这本书的名字叫《公共考古学》。上面的这些话，有的本来是我准备在书中表达的部分内容。当然，这书我至今并没有动笔，也不知能不能写成，或许将来写成它的作者并不是我，但我相信中国一定会有这样一本书出版，它的首版很可能由科学出版社印行。我知道我在这里所说的话，并不一定完全符合什么"原理"，但我相信在《公共考古学》一书中会包括这样一些主要内容的。

贯通古今，连接中外

——在"边疆民族考古与民族考古学论坛·2011"作的总结发言

诸位代表：

大家好！这个会开得很好，我要再总结是多余的。但是好像一个会最后不说几句，最后不好结束，那我就谈一点个人感受。最想表达的是感谢。这个感谢有三，我概括为"三个代表"：第一，我代表与会者感谢会议的筹办者，特别是湖南省文物考古研究所的各位同人，特别是郭伟民所长，他们的支持，他们的辛勤工作，给我们创造了更好的条件。第二，我代表会议的筹办者要感谢所有的与会者，你们远道而来，用你们的学术热情为会议增色。每一篇论文都很精彩，用你们的智慧推进了大学科的发展。第三，就是代表未来感谢现在。如果这个论坛将来有更大更好的发展，一定要感谢这次所有筹办者、与会者的共同努力。这次会议我觉得非常成功,谢谢大家!

这次是第四届边疆民族考古与民族考古学论坛会,我们也已经开始出文集,现在已经出了第一集,第二集的稿子也基本集齐了,关于这次会议的文集一会儿再另外布置,希望大家支持。我相信这个论坛还可以继续办下去,我们大家一起努力,共同构建好这个学科交流论坛。我也看到我们参会的有许多老朋友也有不少新面孔,特别是年轻的面孔,这是生力军。

接下来,我想谈的是一些感受、一些想法。首先要谈的,是"五个印象"。

第一个印象,我觉得我们这次论坛中论文涉及的"点"与"面"都非常广泛;涉及的地域广,东南西北都有。虽然有的方面稍微少一点,来的人也少一点,但是都涉及了,东南西北,而且是从今到古,还扩展到了国外。大家从中原看边疆,在边疆看边疆,从域外看边疆,多方位的。一共有34篇论文,东北方向的有《高句丽的兴亡及其历史定位》《逐鹿中原——中国文化中的鹿》;西北方向的有《塔里木盆地周缘史前文化的区域性与交互关系》

《三道海子的石沟遗址群：欧亚草原早期游牧民族走向强盛的关键一环》《天山—阿尔泰山游牧文化调查与研究》《新疆考古对外交流与合作述略》《新疆巴里坤石人子沟遗址古代游牧民族墓葬葬俗探索》《祆教葬具的考古观察》《帕米尔高原古道调查》《有关萨卡乌孙考古遗存中的几个问题》《新疆洋海墓地铜器成分初步检测分析》《新疆鄯善县吐峪沟石窟寺遗址》《中央民族大学博物馆收藏吐鲁番文书简介》，新疆方面内容相当丰富；西南方向有《雅砻江流域石棺葬新发现》《石佛洞文化的衬花陶》《水族的传统村落空间》《抗争与融合——关于白族本土信仰起源的结构史考察》《金沙江三岩峡谷的帕错与仇杀》《西藏噶尔县卡尔东墓地的新发现及其意义》《碧罗雪山东麓的天主教传统工艺与文化意蕴》《对藏族一妻多夫制成因的探讨》《西藏雪冈铜币的初步研究》，题材也很广泛；南部有《华夏边缘：史前"南岭中心带"的文化嬗变》《以咸头岭遗址为例谈珠江三角洲地区沙丘遗址底层的划分》《论三星村出土的板状刻纹骨片》《广州西村窑外销瓷的产地特征研究》《一个壮族边陲地区的文化攀附现象》。这是东南西北不同方向的研究。关于外部的研究有《港口、沉船与贸易：海上丝绸之路的考古学研究》《罗布淖尔青铜时代考古文化与吐火罗人》《印尼摩鹿加群岛的陶器民族考古》。也有一些属于综合性研究，比如《墓葬遗存的"性别代码"——以纺轮为中心的观察》《中国石范研究》《从少数民族手工造纸看中国造纸术的起源》《近年来东南亚地区体质人类学研究新进展》。这许多的精彩我想用"多彩"和"绚丽"来形容。虽然不能完全归入传统意义的考古学范畴当中（有些是现代民族学的调查），它们却可能成为未来考古学的新血脉，而且是具有更多优秀基因的混血血脉。我特别注意到很多论文涉及信仰问题，信仰是决定行为方式的，这应当是打开很多考古疑团的一个突破口，多半文章或多或少都涉及这个问题，这是我们过去考古研究比较容易忽略的一个方面。

第二个印象，论文涉及的时代很宽泛，跨度很大。早到万年前，晚到现代。以上这两点在其他类型的研讨会上是很少见的，这是我们这个会的特色。除了新疆考古，好像许多题目不容易找到很明确的关联，但我们毕竟还是会受到许多启发。由此，我想到手抓羊肉，我在一篇文章里说我吃遍了大半个中国的手抓羊肉。在西藏的桑耶寺、新疆的白玉河、内蒙古的满洲里，各地是不一样的，虽然都是羊肉。我在几天前参加河北武安磁山博物馆的开馆典礼的时候，吃到了一种特殊的面条叫拽面，可能大家都没听过，其实就是扯面。但是第二天饭桌上又有了扯面，就被弄糊涂了，我还特别就此写了一篇小文章，叫《抻拉拽扯都是面》，但是各个地方不太一样。我们的研究也是这样，可能同样的课题，如果你从不同的点切入，用的方法不同，得到的认识可能要超越别人许多，这与风味不同的手抓羊肉和拉面是一样的道理。

第三个印象，我觉得多数讨论都是很有深度的，见解独到，能引人注意。虽然会议规模并不大，但是大家都非常认真、投入。我想大家会在不经意之间扩展自己的知识体系，得到取他山之石攻玉的效果。这样的讨论会让我们的眼界更加开阔。会议的气氛也非常热烈，有碰撞就会带来很多思考，这样的印象也非常深刻。

第四个印象，学者面目一新，各个层面都有。有我们的老一辈，也有非常年轻的学生。新老在交替，后备力量成长很快。

第五个印象，我感到我们的边疆民族考古与民族考古学的从业人员应该有更深的功力，这已经体现出来了。他有可能比单纯的中原考古要求的功力还要深一些，所以我们对他们的要求还要更高一些。我认为可以作为本次论坛民族考古学研究范式的论文是《从少数民族手工造纸看中国造纸术的起源》。它将民族学、科技史和考古学的研究结合得比较好，也试图解决造纸起源发展这个重大课题，我想应该是一个比较大的收获；而最有可能解决考古问题的民族学研究的，是婚俗婚制的研究（《对藏族一妻多夫制成因的探讨》），虽然大家有不同看法，虽然研究者也还比较年轻，但是这是一个很重要的切入点。下午大家又提到性别的问题，从墓葬能不能看到婚姻关系，我觉得就要从民族学入手，像一妻多夫制、一夫多妻制都值得研究，将来我们可以看看考古上能找到什么样的实例。但是论文发表者忽略了一个问题，即婚俗婚制不单纯跟经济有关系，还应该跟性有关系，有很大的关系。讨论中恰恰忽略了这个问题、回避了这个问题,恐怕还得进一步研究。这方面还有一个问题就是制陶的民族考古,这个对我们考古也是很有启发的。比如说有一道工艺,在烧好的陶器里面要掺入树脂。没有听明白是在里面掺还是外面掺,还是整个放入一个树脂缸里浸进去,实际上考古发现很多所谓的"内黑外红"的陶器,就有可能采用了这样的工艺,史前时代汉水流域、长江下游地区都有,我们一定要回到考古学的层面上看,把两者结合起来。还有一个最需要民族学帮助解决的问题就是所谓"二次扰动葬",我想叫"二次扰动墓"是否更好一些,因为没有确切解释墓葬的成因,如果确实是埋葬过程当中被扰动,是可以叫"二次扰动葬",如果是因为别的原因扰动,恐怕不能叫一个"葬"字,它不是族群行为的结果,对这个还应该进行研究。

我觉得大家比较关注的热点问题有这样几个:一个是石棺葬,一个是冶铜,再一个是性别考古。刚才讲的性别考古虽然例证不是太多,但是从规律来讲应该没有太大问题,我们也会找出反证,比如妇好墓里有兵器什么的,可能没有纺轮,没注意。但这是个案,从认定整体规律来说从纺轮入手应该是个比较好的切入点。我印象中最好的例证可以从贾湖遗址里找得到,那是比较早的而且确实是纺轮和箭镞具有两性的特征,很明确。还需要找更多的例证,其实材料是非常丰富的。我觉得还有一项最需要加强的研究,就是游牧文化研究。现在提出这个问题来,这是很重要的问题。还有文化交流的问题,还有族群迁徙的问题,还有对边疆区域古文化地位的认识问题。我有一个感觉,就是我们从事边疆考古会有不同的体会,通常做中原考古的会感觉边疆是个蛮荒之地,比较落后,比较晚进,但是一走到边疆以后发现其实并不完全如此,有的时候有的年代还是很发达的,甚至是可能和中原同步,有些地方可能还有所超越,做边疆考古的应该有这么一种认识。比方说今天讲的石佛洞的陶器,非常精致。可是我们过去做的民族调查、佤族调查,石佛洞就在佤族地区,发掘工作中就有佤族人,那是一面发掘一面跳舞,端着土跳着舞去倒,可是他们民族调查的方式非常原始,陶器也非常原始,这需要解释。这并不代表他们的历史或者不代表当地以往的历史,需要我们重新认识。

这是"五个印象"。

其次,是关于"五个概念"。

第一个概念是边疆。其实郭伟民所长在论坛开幕的时候已经提到了。边疆是随时间变化的一个空间概念,有商代的边疆、周代的边疆,或者汉代的边疆,它是动态的。打个比方来说,中原文化应该有一个外壳,这个外壳就是边疆文化。就像一棵大树一样,树皮和树心的区别是很明显的,但又是不能分离的,随着树干不断长大,原来的老树皮会让位,会慢慢扩展,边疆也会越来越大。这是一个不恰当的比喻,就是说边疆是会变动、变化的。

第二个概念是民族。其实我们讲的民族可能包括现代民族和古代民族这两个方面。古代民族有的可能是延续到了现在,有的是已经消亡了。

第三个概念是民族考古。对民族考古的认知也是不一样的。我们可能一般指的是少数民族聚居区域的考古或者与少数民族相关的考古,还有消逝古族的考古,这是相对于中原区域而言的。

第四个概念是关于民族考古学。我的体会是,民族考古学是以解决考古学课题为目标的民族学、人类学研究。当然如果从民族学方面来讲可能有另外的切入点,我们希望是这个样子。

第五个概念,我觉得不依赖少数民族材料的才是民族考古学(汉族的也应包括在内)。举一个例子,我做过一个房屋捐弃风俗的研究工作,其实在很多民族里都有,居者死了以后他居住的房屋就废弃了,或者是甚至把他埋在这个房屋里头,有些研究者叫作居室葬。前不久,我在网络上读到一篇博客,讲述了一个很有意思的现象,故事发生在陕西榆林附近的一个村子(当然说的不是现在,至少是不久前或者新中国成立前),不是少数民族地区。他们那里的老人到了60岁或者一个特定的年龄以后,为其在村外挖一个窑,就把他放进去住上,每天给他送吃的,都不让他出来,一直到他死去。这是一个很残忍很不孝顺的做法,但这是一个他们族群认同的、正常的一个传统。这个传统在很早前其实可以找到例证,例证就是我前面说的捐弃风俗。新石器时代房屋建筑比较简单,自己的家长死了以后可能这个房子就一起毁了。后来房子建得比较讲究了，这个房子就不一定是死一个人就毁一次。很多民族学资料就记载在旁边盖一座小房子，让他住在里头一直到去世，然后将这座小房子毁了。在座的做民族学研究的可能知道这样的资料，这在世界各地是广泛存在的。我说这个的意思就是有些汉族的一些资料，在我们的研究中也是可以参照使用的。

用八个字来概括边疆民族考古与民族考古学，应该是"贯通古今，连接中外"。这是我们学术的一个线索，也是发展的一个脉络。

然后，是"五个比较"，这是指我们研究所用的方法。

简单一点，第一，从今天的边疆到古代的边疆，看中原文化的扩展、影响；第二，从今天的民族到古代的民族，有一个很特别的问题，就是考古文化与族群的比照，无论从理论上也好从实际上也好我们都要有专题的探讨；第三，从今器到古器，今天的器物和古器的对比，这里面当然有技术的问题，我们看到的陶器的民族考古恐怕就可以提供这样的实证；第四，从今人到古人，这是指体质人类学的比较研究；第五，就是从地上到地下，也就是说我们从活体的研究到已经成为历史的研究对比。这是"五个比较"，这样的研究也可以说是从古到今，从今到古，由死论生、由生论死。再概括一点，就是从今边到古边，从今族到古族，从今器到古器，从今人到古人，从地上到地下。

最后一点，是关于学科的发展，不光是指我们边疆考古而且是关于考古学的发展。我个人有一点看法，叫作扩展与回归：学科是不断扩展的，但是扩展的时候也要考虑到怎么回归。我有一次给研究生上大课，讲考古学是什么，我用四个字概括，考古学讲的是"行色历史"，就是把历史展示出来，有形状，有颜色，甚至有声音，有味道。这个不是书本的历史。我当时用"变色龙"这个词来标识考古学，觉得考古学有这个特性。考古学究竟是什么，有个定义是很难的，一二十年来我们给出的定义是不断变的，从夏鼐先生开始有过一个定义，后来的现在的再定义跟夏先生那个是有区别的，我相信张光直先生就感到在字面上给考古学有一个尽善尽美的定义不容易，他使用了一些模糊的语言来说明，说"考古学是一种具有独特对象和独特技术、方法的特殊的历史学，考古学的研究范围和内容是富于变化的，而且要与许多学科做点或面上的接触；因此考古工作者的训练应有灵活性和多样性"。大家再读读王巍所长的定义，2001年他在中国社会科学院考古研究所主办了一次"考古学的定位"学术研讨会，他说："考古学是主要依据过去的人们活动遗留下来的实物资料，即遗迹和遗物及其与人类活动有关的遗存，研究人类的文化与社会的发展过程，并探索其背景和动因，总结其发展变化的规律的一门科学。其基本的研究方法主要有考古地层学、考古类型学、区域分析、不同文化间的相互关系研究、聚落遗迹和遗物的功能分析、墓葬分析等，不一而足。"这里面就完全没有历史定位，这个变化是很明显的。

张光直先生的定义说出了"富于变化"，这很关键，他还希望考古人要"有灵活性和多样性"训练，所以我说这是变色龙的特质。这个变色龙的比喻并不十分恰当，现代人用这个词是为讽喻善于伪装者，考古学的变色不是伪装，它是里里外外都在改变。其实其他学者也有这样的认识，山东大学的栾丰实教授也讲过类似这样的话，当然我们主要是从技术和方法的采用看到考古学的一些变化。我觉得是当哪方面需要考古的时候考古就会带上哪方面的色彩，它可以是历史考古学，也可以是史前考古学、考古人类学、民族考古学，还有所谓科技史的考古、环境考古、天文考古、音乐考古、艺术考古等。这样看来，这考古学是不是挺多变的？

我们在三十年前进入考古专业学习时，被告知考古学是个边缘学科（现在已经不是很强调这个了），是说它在人文和自然科学之间。当时觉得很兴奋，说是保密专业。当时说的保密专业好像只有考古学和核物理学，现在的考古学好像没有保密要求了，但是有一些边缘的感觉。这不是说我们在做边缘的事情，而是学科的交叉越来越多了。

我们在这样想，考古学它还会怎么变，我想反推一下，如果现在的一切都变成了历史，你觉得将来有几个考古学家可以将现在的历史研究明白呢？比如说，碰到了废弃的核反应堆遗址、火箭发射场遗址、强子对撞试验场遗址，你会明白是怎么回事吗？你可能不明白，你做不了，这是说几百年上千年以后的事。有一段话就不念了，它的意思就是,将来更先进的东西都会变成历史,考古学者就一定要变,一代一代地往下走,破碎了的历史,你要把它研究清楚,你就必须让自己有更好的武装。其实破译这些碎片的密码,并不都是掌握在我们并不那么聪慧的、自以为是全才的考古人手里。我们不是全才,面对很多问题我们甚至束手无策。所以我们的任务会变、研究对象会变、我们自己也会变,不断地改变。学科发展就是这样不断地发展、不断地进步,那么考古学就要借力,借其他学科的力来发展。

几乎所有的学科都有助于考古学的发展,我是这样认为的,考古学的成长与发展都是在这样的借力当中完成的。历史学不能完全解决所有的历史问题,考古学也不能完全解决所有的考古问题,它需要向科技史、艺术史等方面扩展,这就是要向其他相关学科回归,不要以为考古学可以包揽一切。我想碰到相关问题的时候一定要回归到人类学,回归到建筑学,回归到地质学,回归到历史学,回归到天文、地理、冶金、动物、植物、农学、艺术,向这些方面伸展。在这样的回归当中,考古学能不断前行,这次我们会议上就有很多这样的例子。但是一定要注意回归的出发点是考古学,我们要解决考古学遇到的问题。也希望其他学科的学者能够热情地拥抱对新发现无能为力的考古学,我想你们也一定会得到考古人丰厚的回报,那么重要的资料共同研究,大家可以出非常好的成果。

好,谢谢大家!

考古与公共考古

——2014年4月1日在中国考古学会公共考古专业指导委员会成立大会上的讲话

各位上午好!

我们今天聚集在成都,召开一个特别的会,感谢各位与会的同道们。这是一个很稀罕很新鲜的大会,我们要探讨中国考古学会历史上从来没有关注过的事——公共考古,要成立公共考古专业指导委员会。

我们,纯小众的一帮考古学家,在此要讨论的是一个大众话题——公共考古。考古与公共、大众范畴有何关联?

其实我们对于考古自身,也曾一次次地探究,"何谓考古"这个命题,常论常新。相信公共考古这个话题,也属于"为何考古"问题的一个部分,也会理出许多新鲜的头绪来。

想起初入考古之门，尚不明何谓考古，但被告知这是保密专业，是边缘学科，真的是感受到了一种神秘。及至踏上古代废墟，闯入古代墓穴，不过是满目腐朽，一地破碎。我们最早体验的，其实更多的是艰辛与迷惘。

在古今之间，我们学习游走。在生死两界，我们有迷有悟。在苦乐之间，我们有舍有得。

从古到今，有多远，或说在笑谈之间，缥缈无痕。从今到古，有多远，我们说在朝夕之间，可丈可量。

笑谈古今，那是空谈，一把手铲，古今零距离。我们的脚印出现在哪里，未知的历史便从哪里呈现。当我们的双足叠合在古人的脚印上时，我们成了历史的探访者。

史学家的历史是书写出来的文字，经历了反复整合修正。考古学家的历史是看得见的景象，经历了反复观察摩挲。考古学家可以穿越时空，直接进入历史的层面，看到真实的历史场景。当记忆飘落尘埃，不能看着一切变成空白，待我们化腐朽为神奇，迷惘与艰辛就变成了彻悟与自豪。

可是这一切就完满了吗？几代学人我们守了100多

年的寂寞，收获了100多年的自我陶醉，当我们将自己禁锢在象牙塔，独享那一份发现往古的快乐时，我们忽略了一种责任。也因为我们似乎模糊了这样一个概念，历史与现代本来是不可分割的，古代社会与现代社会，历史文化与现代文化，历史人与现代人，这中间本来是连续贯通的。我们也会化作历史，现代就是未来的遗产。现代社会与未来社会，都会将远的与近的历史作为参照。现代人与未来人，也都会由先人的高尚德行中汲取营养。关注历史的现代人，并不只有我们这些屈指可数的考古人，他们也有这种关注的需求与权利。

考古人其实只不过是现代社会和现代人遣往古代探访信息的使者，使者要有自己的担当，要为现代与未来社会服务，应当将考古当作公共的事业，公共考古应当作为我们研究的重要目标，这也是我们义不容辞的责任。将考古明晰了的古代信息反哺社会，这正是公共考古的宗旨之所在。

今天早上6点，我在微博上转了一位学者的话：公共考古不是专业考古的反义词，它就是专业诉求，就是职业考古学家的事业，而不应该推诿让渡给少数考古学家甚至是业余考古学家们。与世无争乃至与世无关的考古学也是当今社会所不需要的。我发现很快有许多人转发跟帖，值得我们深思。

公共考古如何开展？近一二十年特别是近几年来，考古人已经有了许多尝试，办展览、开网站、出书刊、拍电视、编动漫、演新剧，开放考古发掘现场，征集考古志愿者，设立考古虚拟场馆，举办大型公益讲座，已经显示出如火如荼的气势。扩展公共考古领域，提升公共考古水准，应当是我们近期内需要关注的重点。

首先是知会大众，让大众了解我们所获取的考古信息，要做好科普，这是公共考古最基础的工作。极少数人从事的考古，偶有惊人发现，对公众而言可能很不容易理解，长久形成的隔膜让考古很容易被误解，也很容易被神秘化。让公众了解考古、学习考古，乃至消费考古，考古人逐渐认识到了自己的义务与责任。

在考古科普方面我们已经做了不少尝试，积累了许多经验，也有了明显成绩，但不能满足，不能懈怠。我们有可以利用的许多媒体平台，还可以创立更多的平台开展科普工作，让考古知识成为提升大众精神素质的营养素。

其次还要让大众在了解考古文化遗产的过程中增强保护传承意识，增强责任感，积极参与文化遗产的保护工作。

去年的文化遗产日，我写下这么几行感慨的字句：

> 许多的文化遗产，在关注中破坏，在遗忘中消失。
>
> 更多的文化遗产，在无视中破坏，在无知中消失。
>
> 时尚的潮流，总是那么汹涌，也许过往的风景，必然会在潮流中淹没。
>
> 但是总有许多的风景，我们怀有特别的眷恋之情，不愿看到它们就这样消失。
>
> 少年心中的遗产，有弹球飞镖，有斧钺鞍鞯，有英雄梦想……
>
> 女子心中的遗产，有胭脂玉钏，有窗花绣枕，有柔情衷肠……
>
> 老者心中的遗产，有华服美食，有笔墨纸砚，

有族谱祠堂……

　　一个民族的遗产,有神话信仰,有诗书礼数,有乐律歌唱……

　　为何有破坏,为何会消失,是因为心里没有了安顿它们的位置。

　　先太爷的甲胄,老祖母的嫁衣,父亲修的石桥,母亲做的饸饹,还有你自己捏的小泥人……在你的血脉里,本来是有它们DNA的,保护好它们,就是保护你的血脉。

　　你有没有想到,今天的一切,也都会进入遗产的范畴。你再想一想,上午的一切,也许就是下午的遗产。

　　文化遗产保护,要由今天开始,要由清晨开始。

还有先前写出的一些句子,也是感慨遗产的保护问题:

　　过去的过去在哪里,就在从前的记忆里,在山崖，在泥土，就在石头青铜的坚毅里。

从前的从前在哪里，就在过去的传说里，在天边，在眼前，就在爷爷奶奶的话语里。

考古文化遗产是公共资源，与公众生活和心理息息相关。文化遗产的保护是公共事业，是公众责任。没有公众参与，文化遗产的保护与传承就是一句空话。考古活动使用的是公共资源，研究的是公共资源，面对的是社会与公众。难怪有学者说，公共考古学是考古走出困境的唯一出路，没有公众参与，考古学的进一步发展就是纸上谈兵。

我们考古人做公共考古，还有一个重要的同盟军，是博物馆人。他们很多本来是考古出身，博物馆在一定意义上是考古的下游行业（不是全部），甚至可以看作考古材料的整装器，是直接为公众服务的，我们应当有更好的合作。

还有很重要的一个方面是，考古人还应当知道，我们对许多考古事象，由于知识结构不可能完整的原因，解释不明确或完全不知如何解释的问题会有很多，这涉及其他许多学科领域。过去曾经将考古看作边缘学科，现在看来，它其实是一个跨界学科，体现有公共性特色。从这个意义上说，考古也是一个共享学科。一个小众学科的成长，如何与相关学科共享信息，如何汲取公众智慧营卫血脉，也是中国考古学焕发生命力需要思考的大事。

考古会触及人类的一切知识领域，仅由为数不多的考古人来解决全部考古疑难，那是不可能的事情。考古已经而且必将与更多相关学科"联姻"，开拓更多更广的研究领域。我们不妨也将考古学的他学科扩展研究，也看作公共考古的重要内容，这是考古学获得发展动力的新源泉之所在。有学者甚至指出，公共考古学的推进不仅是考古学的进步与发展，也可能因而带动包括考古学在内的其他传统学术研究的革命，我们也坚信这一点。

其实许多的学科与行当同考古学一样，也都属于小众学科，电影、戏剧、音乐，都是小众为大众构建的平台，人家可以那么有声有色，导演与演员知名度很高，是因为它们的目标就是服务社会，就是服务大众。考古如果能增进大众色彩，一定会大大提升关注度。考古学者被社会的认识度，也是学科发展的一个标识，夏鼐和苏秉琦是何人，知道的人并不多。当夏鼐不被认作夏鼎，公共考古的成就也就有所显现了。

一个小众学科，逐渐成为显学，逐渐为公众所了解，我们已经迈出了坚实的一步。我曾经认为，其实考古应当是最能为公众理解的学科，它所研究的是人类的过去，过去与现代保留着千丝万缕的联系，过去的事物最容易引起现代人的共鸣。我甚至觉得，较之物理学与化学，甚至是音乐与美术，考古还要更加贴近大众一些。从一定程度上判断，也许是考古人自觉不自觉地设定了封锁线，这个责任应由我们自己来承担。考古学要发展，写好公众、公共、大众这样的关键词，越来越成为必须要走的一步了。我们要及时总结经验，注意吸收国外成功的经验，探索推进公共考古发展的有效方法，丰富公共考古内涵，敦促专业人才的培养，开拓中国公共考古的新局面。

公共考古不仅仅是考古人的事，它需要相关学术研究机构的支持，也需要各级政府管理部门的支持。中国考古学会设置公共考古专业指导委员会，是一项重要的举措，这对于推动中国公共考古的发展必将发挥重要的作用。

非常感谢四川的同行，你们是公共考古的那拨先行者，你们今天又支持搭建起这个平台，让更多的新鲜思想在这里交汇展示，我们会记住你们的好，这也是我们工作提升的动力。这次会议也是对四川对西南及邻近地区公共考古活动的一次调研，总结经验，推介成果。这次会议也是中国考古学会主导的有志于公共考古的学者们的第一次聚会，让我们将这次聚会作为一个新的开端，为使公共考古成为更多考古人的研究与实践而努力。

大家都是忙人，只有本人为闲人。也许考古学会的领导觉得我闲得太过了，这次派给我一个新差事，希望能发挥些余热。可能担当不起更大更多的事，但可以集思广益，同大家一起合作，开拓一小片新天地。公共考古，可以为之，乐而为之，好自为之吧。

谢谢所有与会者，让我们一起努力吧，为提升中国公共考古水准，为使考古学焕发新生命力而努力。

致探访古代社会的年轻使者们

——2014年5月18日在第三届李济考古学奖学金颁奖仪式上的致辞

来自八所大学的诸位同学获得第三届李济考古学奖学金，祝贺你们，羡慕你们。你们的获奖，得来不易，一分耕耘，一分收获。当然也要感谢培养你们的老师，感谢你们所在的学校。读到你们的作品，看到充满自信的你们，就像走进了青果园，透着清新。不由得想起了吉林大学考古系的十年纪念《青果集》，如今果子已经成熟，硕果累累。看到又有一串串青果在如此美好的园子里生发，令人兴奋，也令人期盼。

这次评委会让我代表评委说几句话，未必能代表他人，说点儿自己的感受吧。在参与第一届奖学金的论文评选时，我心里就有一份感动，写过几句话，说到了考古业界的酸苦，感叹"考古的后生：你可畏，你更可敬"。还希望考古后生"行合趋同，行远自迩，行之有道，行之有效，行成于思，行古志今"，行行复行行，有你们的加入，考古之路会越走越宽广。

想起当年，有一位使者，由哈佛出发，行程几万里，一去6000年。他是李济，他30岁时到达西阴村的史前居址。

这一位探访西阴村的使者带来了许多信息，他还捎来了许多绘彩的陶器，他让世人见识了从不知晓的黄土地所包藏的史前事物，他打开了一扇通往史前中国的明窗。

今天，获奖的诸君，也到了李济求学哈佛时24岁的年纪，一样的学有大成，一样的雄姿英发。你们就要整装出发，你们的目的地也许是天西10000年的史前营地，也许是地中3000年的青铜作坊，也许要去探访的是汉宫唐陵，你们是现代人遣往古代社会的又一批使者。

我们为何要充任这使者的角色，我们又该有怎样的担当呢？

这恐怕是在问这样一个问题：考古学要考什么？考古又是为着什么？考古与当今又有什么联系？

问这些内容似乎显得有些外行,也有些无奈。不过当你得知在世界顶级考古论坛也有这样的发问时,也许就不会讥笑这样的提问了。

考古自然是考察古代事物,但生长在现实世界中的考古学,却从来也没有逃脱开现实的干预。在古与今中流连纠结,这便是考古人的运命。

如果是一位厨师,他对所担负的责任非常明确,为着人们的基本营养、味蕾体验和奢欲而烹调。如果是一位木匠,同样的感觉,他用木头创造人们需要的住室、用具与奢华。

可是你作为一个考古学家,你怎么会连自己是干什么的,对为何要干这个行当都不那么明晰呢?

当然我们都会自豪地说,自己担当着复原历史的大任,做着传统历史学力所不及的大事情。或者还会更骄傲地说,我们与历史学家一起,在研究历史发展的规律,探索历史前行的方向。

历史有逝去的过往,也有自作主张的行进方向,历史的车轮会一如既往地滚滚向前。历史不会受历史学家的指引，也不会受考古学家的指引，它从来都是信马由缰自在地往前溜达。

考古会不会是为着找寻失忆的年代，保存与传承一份真切的回忆？如此而已，或者是其他？

埃及法兰西大学教授费克里·哈森（Fekri Hassan）在上海世界考古论坛上演讲，倡导考古要将过去当未来研究，显然要给考古一个新定位，原来它也可以将古代标示为现代的参照系，过去可以警示当代，可以启示未来，他将考古渲染上了时代的色彩。考古研究的目标，过去关注的是物质文化，是陶器、石器之类，讨论的是文化传播、进化和发展模式。后来开始关注经济形态，如柴尔德的研究。我们的考古学有各种研究理论与方法，可是考古学却并没有明确不变的目标。

哈森说考古要研究人类的过去，也要为人类的未来思考。人口、资源、消费是我们应当关注的问题。资源影响到消费，影响不平等现象出现，影响到国家的形成。人们因共同利益聚集到一起，又因不同利益分化为阶层，这是社会结构模式。考古要关心人类生存状况，要关注社会的变化与发展。用过去关照当代，关照未来，这是不是也是一种担当？

  在古今之间，我们学习游走。在生死两界，我们有迷有悟。在苦乐之间，我们有舍有得。

  从古到今，有多远，或说在笑谈之间，缥缈无痕。从今到古，有多远，我们说在朝夕之间，可丈可量。

  笑谈古今，那是空谈，一把手铲，古今零距离。我们的脚印出现在哪里，未知的历史便从哪里呈现。当我们的双足叠合在古人的脚印上时，我们成了历史的探访者。

  史学家的历史是书写出来的文字，经历了反复整合修正。考古学家的历史是看得见的景象，经历了反复观察摩挲。考古学家可以穿越时空，直接进入历史的层面，看到真实的历史场景。当记忆飘落尘埃，不能看着一切变成空白，待我们化腐朽为神奇，迷惘与艰辛就变成了彻悟与自豪。

  ……

考古人其实只不过是现代社会和现代人通往古代探访信息的使者，使者要有自己的担当，要为现代与未来社会服务，应当将考古当作公共的事业，公共考古应当作为我们研究的重要目标，这也是我们义不容辞的责任。将考古明晰了的古代信息反哺社会，这正是公共考古的宗旨之所在。

这些话是不久前我在公共考古专业指导委员会成立大会上的讲话片段，请大家记住"使者"这个词，李济先生是使者，我们大家都是使者。

我们这个使者的担当，是既忠实于现实，又忠实于历史，还怀有一个欣欣然向往的未来。

各位使者即将出发，记住了，我们等待着你们返程的消息，你们的后来者也会有同样的等待，当下与未来都对各位怀有满满的期待。

谢谢大家。

共享考古

——2016年10月28日在公共考古荆楚论坛上的致辞

我看公共考古，觉得一个重要目标，是在大众科普中实现公共分享。普及的作用之一就是分享，可以看作公共考古的初级程序，初级并不低级。科普是公共考古的重要一环。

其实当下我们所设计和实施的活动，更多还是表现出科普的特性。我们的科普并不是做多了，做足了，如果不屑于科普，轻视科普，我们的公共考古又从何谈起？

的确，由于平面、立体和新媒体全方位的科普，取得的成效是非常明显的。我有一位在天门工作的医生同学，几十年不见，人家大谈考古学文化，而且讲得头头是道，听了觉着既高兴又惭愧，人家如此了解考古学进展，我对医学却羞于开口谈论，实在是不懂呀。公共考古成果，有目共睹。

普及是分享的基本层面，也是基础层面，基础牢固了，上面的建筑才能有信心做好做美。不必争辩"公共"和"公众"这两个词哪个更适合于我们，可以并存，可以有所侧重。公共考古，弥合分歧，合力向前。

我的理解，"公众"的含义倾向个体意义，"公共"则表示社会属性，"公众"可以纳入"公共"范畴。不必同我争议，这样理解也许可以更好地统一我们的步调。

考古是神奇的，考古教人看懂有形有色有声有味的历史，教人由从前理解当下，前瞻未来。前两天我在此地揭示了石家河人创造的双面神像，前看后看，左看右看，正看反看，喜看怒看，好伟大的神。突然想到，这考古是一门双面学问，是一门大学问。

当然，考古学也是时代高尚的奢侈品，我们有义务让公众来共享这一份奢侈。你若是安于独享那穿越时空的乐趣，不觉得是过于自私的一念之差吗？

我们必须让考古学价值更大化，将公共考古由附加由尾巴，变为常规考古工作的组成部分。我们正在改变中国考古学的面貌，不只是增光添彩，而且要建设新架构，提升新高度，扩展广度，推进深度。

　　大家辛苦的付出，是替代学科反哺社会，也是对学科发展的一份奉献。公共考古要自娱自乐，有本行当的狂欢，但绝不仅仅自娱自乐。自娱自乐除了有相互启发激励作用，也是内部彼此普及，将隔行的大山削平一些。公共考古的设计要面向不同层面的公众，面向关联学科。公共考古其实在致力建立学科新程序、学科新秩序、学者新责任、学术新标准。

为考古学家树碑立传

——2019年11月7日在中国公共考古桂林论坛开幕式上的致辞

各位代表、各位听众,大家上午好!

"桂林山水甲天下……文场端似战场酣。"

在三十多年前的1983年,桂林文物管理部门派员调查独秀峰石刻,清理读书岩摩崖时发现南宋诗人王正功的《鹿鸣宴劝驾》诗,这两句正是在诗里所读到的,诗中告知了我们"山水甲天下"的出处,说到文场如战场,读来觉得有些暗合今天的情景。

盛会在桂林这样美丽的地方召开,希望公共考古论坛也同山水桂林一样美丽,一样动人。开幕式选定甑皮岩国家考古遗址公园为会场,也是别具深意,为大家提供了交流学习甑皮岩遗址博物馆公共考古成功经验的机会。

谢谢桂林方面政府和相关部门的精心筹办,谢谢各位远道而来共襄盛举的新老同行，相信第七次公共考古论坛一定会大获成功。

我今天的致辞想讲这样一个主题：为考古学家树碑立传，公共考古义不容辞。

我们一般谈论公共考古，谈它的目标，谈它的意义，谈它的方法，觉得公共考古有许多的担当，但常常会忽略了考古学家的存在。考古学的主体行为者，是考古学家，没有他们，何来考古？

> 南北驱驰报主情，江花边草笑平生。
> 一年三百六十日，多是横戈马上行。

戚继光的这首《马上作》，写的是军旅，今天用来说考古人，又何尝不是如此。这比起"一年三百六十日，风刀霜剑严相逼"的诗意，会引人更多思索。

一场战争，总会有英雄担当。一段历史，也会引无数英雄竞折腰。文场与战场，都不能缺少英雄角色。英雄不仅沙场马上驰行，英雄也在文场笔端游走，少不了也有文武双全的英雄走上历史舞台。

学者可否言说英雄，不是所有学科可以谈这个话题，也不是任一学科都无必要谈这个话题，科学界有英雄，考古界呢，也可以有自己的英雄。

英雄之定义，查汉语词典云：英雄——无私忘我，不辞艰险，为人民利益而英勇斗争，令人敬佩的人。聪明秀出，谓之英；胆力过人，谓之雄。英雄者，有壮怀凌云之志，气吞山河之势，腹纳九州之量。这样看来，并非驰骋疆场才有机会成为英雄，文场一样会有超群存在的英雄。

我想起陕西考古院的张建林研究员，在微信中看到一则他撰述雪域高原考古的图书报道，王子今先生跟帖说"考古英雄张建林"，让我非常感动，张建林是驰骋雪域的考古真英雄，无人不服。西北大学的段清波教授，是一位刚刚离世的为考古奋斗终生的英雄。西北大学还有一位王建新教授，是又一位驰骋在丝绸之路上的考古英雄。正是在他们还有其他带头者的引领下，撑起了西北西南大西部考古半边天。

这样的英雄个人和群体，还可以说出不少，每个区域都有这样的群体，这群体中一定有领头的主干英雄。又如浙江，那个为良渚成功申遗的群体，是一个英雄群体，刘斌所长也是名副其实的一位考古英雄。

就是这些不为名，不贪利，甚至不好意思称自己为考古学家，只称作考古匠、考古人或考古工作者的英才，他们东南西北撑起了一片片天，查考了一片片地，将东方的历史与文化真实面貌逐步展现出来，我们许多的新认知就来自这些考古学家们艰辛的劳动。

考古，也是苦考，没有苦苦的考，哪会有惊天动地的发现？在参与第一届李济考古学奖学金的论文评选时，我心里就有一份感动，写过几句话，说到了考古业界的酸苦，老少同道一代一代、一步一步走来不容易。

在公共考古专业指导委员会成立大会上我曾讲过：我们公共考古成熟成功的重要标志之一，是当人们不再将夏鼐念作夏鼎时。这样说是因为半世纪前的新闻领军人物是这样念的。

前不久在一篇专门报道考古学家的网络媒体文字中，作者干脆就将夏鼐写成了夏鼎。大名赫赫的夏鼐尚且如此，更多考古学家的英名也只能淹没在他们自己的成就里了。由此看来,为考古学家树碑立传,公共考古任重道远。

在古今之间,我们学习游走。在生死两界,我们有迷有悟。在苦乐之间,我们有舍有得。

从古到今,有多远,或说在笑谈之间,缥缈无痕。从今到古,有多远,我们说在朝夕之间,可丈可量。

笑谈古今,那是空谈,一把手铲,古今零距离。我们的脚印出现在哪里,未知的历史便从哪里呈现。当我们的双足叠合在古人的脚印上时,我们成了历史的探访者。

史学家的历史是书写出来的文字,经历了反复整合修正。考古学家的历史是看得见的景象,经历了反复观察摩挲。考古学家可以穿越时空,直接进入历史的层面,看到真实的历史场景。当记忆飘落尘埃,不能看着一切变成空白,待我们化腐朽为神奇,迷惘与艰辛就变成了彻悟与自豪。

……

考古人其实只不过是现代社会和现代人遣往古代探访信息的使者，使者要有自己的担当，要为现代与未来社会服务，应当将考古当作公共的事业，公共考古应当作为我们研究的重要目标，这也是我们义不容辞的责任。将考古明晰了的古代信息反哺社会，这正是公共考古的宗旨之所在。

这些话是在公共考古专业指导委员会成立大会上的讲话片段，我们要让大众记住穿越时空的使者，这是公共考古义不容辞的担当。

考古学家奉献青春，无视艰辛，牺牲情感，忘我忘年，如痴如醉，甚至不惜献出生命，如段清波教授一样视考古为生命之光。

考古参与修国史，书写被世界忘却的大历史。没有考古，我们少了一分奢侈，少了许多回忆的快乐，我们甚至可能至今也不知"桂林山水甲天下"这金句从何而来。

这次我们开始有了公共考古论坛的旗帜，我也算千挑万选，自作主张选定了商周纹饰中习见的囧纹做logo，它象征亮亮的阳光，象征怦怦的心跳，也象征我们走过的囧途。

为考古学家树碑立传，让考古与文物活起来，让公共考古更加有声有色！

谢谢大家。

图书序跋

约你穿越到史前

——陕西科学技术出版社《中国史前遗址博物馆》丛书序

人类的历史，可以分作史前史和文明史两个阶段。文明史并不难理解，它是人类有确切记载的历史。很多人也许并不很了解"史前史"的概念，史前的要义是指文明史之前的人类历史，是没有记载的远古历史，从人类诞生起，到有记述的历史止，便是史前史。

曾经有人将地球的45亿年历史压缩成一天，计算出晚上11点时，恐龙慢悠悠登上舞台，支配世界也只有半个多小时。午夜前20分钟，哺乳动物的时代开启，人类在午夜前1分多钟出现，而文明史不过是几秒钟的时长而已。我们要说的史前史，也就是这么1分多钟。

文明起源在时间上最早不过8000年前，这只占人类史的百分之一都不到，如果将人类起源后300万年的全史压缩成一天，那也就差不多是2分多钟。而且关于人类起源的历史上限还在往前提,这个2分多钟的文明史基本可以忽略不计。整个300多万年甚至更长的史前史,它经历了一个怎样的发展过程呢?

这个过程经历了:

人类诞生与进化,从猿到人,经历猿人类、原始人类、智人类、现代人类四个进化阶段。

人类社会产生与发展,由婚姻组成家庭,由氏族社会进入等级社会。

人类发明了用火和造火技术,由生食转变到熟食。

逐渐掌握制作工具技术,经历了旧石器时代和新石器时代。

发明农业种植和家畜饲养业,从采集游猎经济转入农业和畜牧经济。

发明建筑技术,由自然洞穴居所进入人工建筑居所,由时常迁徙进入定居生活。

因血缘氏族形成聚落,又因部落联盟筑城而居。城邑居民因生业出现分工,因贫富形成等级,因社会复杂化导致邦国建立,千城星罗,万邦林立。

逐渐形成埋葬死者的墓葬制度,信仰祖先神崇拜,这是史前造神运动的开始。

发明制陶技术,烹调水准提升。发明煮盐,有了基本的调味品,促进了体格健康。发明酿酒,主要用于祭祀仪式。

艺术由萌芽到发展,刻画和雕塑艺术渐趋成熟,彩陶奠定了跨越史前至历史时期的艺术传统,这是由造神运动掀起的艺术浪潮。

琢玉由装饰器制作转向礼器制作,将造神运动推向又一个高潮,这是东方独有的文化传统。

中心城邑出现,宏大的治水工程见诸实施,建构起初级国家管理机构。

最后,人类终于走出混沌,文明诞生,王权与神权结合,国家出现。

我们所知的中国史前时代,也许只是大略知道旧石器时代和新石器时代,不知道还有这样丰富的内容,不知道有如此久远的历史。

如此久远的年代,我们如何了解它?

古代的先贤，也曾考究过这古老而漫长的时代，留下了一些神话与传说，三皇五帝，便是那个传说时代的主人。对于史前更多的细节，那时代真实的面貌，他们不可能有真切的了解。

我们当然不能总是陶醉在传说时代，内心希望有真凭实据来说话。

现在我们不必着急了，有考古学家做向导，他们可以带我们穿越到史前。我们可以直接进入智人居住过的洞穴，可以直接进入新石器时代居民的废墟，可以发现史前真实存在过的许多场景与细节。

虽然年代如此久远，但那也是一个看得见摸得着的时代。考古学家通过考古发掘，发现了一个个史前遗址，那是史前先民生活过的地方。这遗址上保存着先民的创造，石器、陶器依然那样精致。大大小小的茅屋，深深浅浅的火塘，似乎还有袅袅飘起的炊烟。排列整齐的墓穴，各种各样的随葬品，感觉隆重的葬仪刚刚结束。

在遗址里我们可以发现史前人的所作所为，所思所想，你甚至还可以由他们留下的艺术品，揣摩先祖们当初的情怀与梦想，还有对宇宙的观察与理解。

考古学家将丰富的史前文化遗存揭示出来，将一些重要的遗址保护起来，兴建遗址博物馆向公众展示这些发现，兴建遗址公园供公众访古游览。在中国目前这样的博物馆已经建起二十多座，数量还在逐年增加。

这些史前遗址博物馆各有特色，有旧石器和新石器的时代区别，也有南北地域的不同。有的是城址，有的是大型居址，也有的是墓地。在建设遗址博物馆的同时，有的还建成国家考古遗址公园。

属于旧石器时代及古人类遗址的博物馆，有北京周口店北京人遗址博物馆、南京直立人遗址博物馆，还有柳州白莲洞洞穴科学博物馆。

属于新石器时代仰韶文化的博物馆，有陕西西安半坡博物馆、宝鸡北首岭博物馆、河南渑池仰韶文化博物馆和郑州大河村遗址博物馆。

东北区域有辽宁沈阳新乐遗址博物馆、阜新市查海遗址博物馆、凌源牛河梁红山文化遗址博物馆、内蒙古敖汉旗红山文化博物馆。

各地属于新石器早中期的遗址博物馆有广西桂林甑皮岩遗址博物馆、浙江萧山跨湖桥遗址博物馆、余姚市河姆渡遗址博物馆和甘肃秦安大地湾遗址博物馆。

属于新石器时代晚期的遗址博物馆有杭州良渚博物院、济南城子崖遗址博物馆、青海乐都柳湾彩陶博物馆、民和喇家遗址博物馆和福建昙石山遗址博物馆。

这样多的史前遗址，这样多的遗址博物馆与遗址公园，不可能人人都能走上一遍。好了，我们现在有了这样一套《中国史前遗址博物馆》丛书，可以弥补这个缺憾。你暂时走不到的博物馆，在丛书中可以读到。你也可以先由丛书寻找出你感兴趣的博物馆，有目标有选择地去参观游览。

这套丛书的编写和出版，充分考虑到了读者的需求，资料科学可靠，文字比较平实，印制也很精美。这一套丛书，一册就是一位导游，也是极好的导览。或者可以说这丛书就是一张张请柬，就是一个个约定，邀你一起穿越到久远的史前，去探访先人居住过的地方，去历史长河的源头观赏一道道神秘的风景。

每走进一座史前遗址博物馆,相信你都会有不一样的收获。每一座博物馆,都有不一样的风景。当你从一座座史前遗址博物馆出来,对过去了然于胸,对现在信心倍增,对未来一定有了更多的期待。

就这样约定了,我们一起去史前遗址博物馆,去见识那久远的岁月,去会一会史前先民。

感受历史的斑斓

——四川人民出版社《中华文明之旅》丛书总序

无论阅历丰富还是闻见浅显，在你我他心中总会有净土一方，那里存放着自己用理解拼对出的一部珍贵的古国历史，或隐或现，或晦或彰。

虽然它也许只是一些残缺篇章，或是断断续续，或是不拘短长，有精彩有平淡，有许多的片段模糊朦胧，也有许多的片段让人铭心难忘。

那些片段是那样的悠远晦暗，那样的不可捉摸，又是那样的不可言喻。

那些存留在我们脑中千差万别的影像，却原来只是我们的主观重构与想象，是我们从故纸堆里提炼出来的故事，或是由口口相传中获得的感悟。

它们虽曲折流荡，却又影踪难寻；它们虽波澜壮阔，却又声色俱无。

久远的历史已然逝去，它成了只能追述的数不清的往事。但是历史却并没有完全消失，它被后来的时光深深地埋藏起来，日复一日，年复一年，千年万载，由新而旧，由旧而古，在人类的记忆中渐渐褪色，变得不再那么清晰。

当历史的尘埃被层层拂去，展现在我们面前的是一幕幕生动的活剧，有影有形，有声有色，这是色彩斑斓的真实的历史。

历史原来可以复活，历史原本是五彩斑斓的。历史是看得见的真实存在，它是可以用十指触摸的陈迹。这不是历史学家发黄的书本中的平面历史，而是考古学家们从大地下发掘出来的立体场景。

在作为考古学家的丛书作者们奉献的这些册子里，我们发现历史的本相原来是这般的丰富多彩，是这般的亲切自然。

让我们一起开始这次古代文明之旅，你很快便会有许多发现，古老的历史原来可以观摩可以摩挲，千万年的往事原来可以直接面对面。考古学家寻找回来逝去的辉煌，我们可以用自己的慧眼穿透千万年的迷雾，来感受历史长河泛溢的斑斓。

徜徉在文明的长河

——文物出版社《考古与文明丛书》序

文明,如同是一条长河,涓滴汇溪,宽缓窄急,回旋蜿蜒,奔流不息,时有波平又浪起,时见雾涌又云蒸,景象万千。

文明之河悠长,如今站在长河的何处,我们其实知道也不知道。我们并不知晓河源有多远,也不知晓河流有多长,所以也不能完全明白自己的坐标在哪里。我们只是看到前后不远处的气象,更远处的景致,通常只是从文本与传说获得的印象,既不真切,也不确定,还有许多的猜测。更有文明孕育的遥远年代,许多的故事也都有待发现,有待复构。

我们会好奇,好奇文明长河那些未知的风景,想知道风景是怎样的妖娆,想看看色彩是怎样的斑斓。我们真惊奇,但见长河散璧遗珠,是那样典雅温润,想象中还有多少失踪的宝藏？我们也会惊叹，长河流淌过的人文情怀是如何光灿日月，我们的民族精神是怎样的不屈不挠！我们也很惊疑，长河源头究竟有多远？众里寻他千百度，还需几番探寻才能确认？我们非常向往，文明长河会流向何方？百川归海又会是怎样的气势？

忽如一夜东风来，考古列入国家文化建设战略，我们心中的文明之谜将会加速解开。我们的社会活跃着一批考古人，考古人回归文明长河，直入历史层面，去获取我们已然忘却的信息，穿越时空去旅行与采风，将从前的事物与消息带给现代人，也带给未来人。

考古，如同是一个筏子，是一个漂泊在文明长河上的筏子，石器美玉，彩陶黑陶，甲骨青铜，秦砖汉瓦，酒樽茶盏，丝帛锦绣，满载宝藏。这筏子上撑篙把舵的考古人，还会关注更多的细节，他们由细节驶往真实的形色历史中。与历史学家不同的是，考古人是在不同的维度上重现历史的面貌，这是立体的历史，是全真的历史。

考古人研究一式式陶器，一座座废墟，一群群墓葬，一坑坑垃圾，一组组壁画；考察大长城、大古都、大聚落、大陵墓、大运河、大丝路。考古人探索人类起源、农业起源、文明起源、国家起源、文字起源、技术发展以及文化艺术诸多课题。考古，就是研究实在的历史，复原历史的样相与色彩，寻找我们的文化根脉，重构我们的文化传统，重建我们的文化自信。

人事有代谢，往来成古今。过往与未来，都会令我们迷恋。未知的世界，都会让我们好奇。感受文明跳动的脉搏，探究文明前行的动力，明确我们的坐标，要依仗考古人。考古人带我们赏鉴和感触文明长河的浪花，让我们的心灵与过去和未来世界相通。

《考古与文明丛书》这一个系列读本，是考古人合力扎起的一个个筏子，让我们一起登上这筏子，去展开一次次特别的旅行，到文明长河去徜徉去感悟去漂流吧！

碎片之谜

——四川人民出版社《金沙之谜：古蜀王国的文物传奇》序

过去，都成了历史。

现实中的一切都会成为过去，都会成为历史。

已然成为历史的一切事物，它们有的会永远在人类的视线中消逝，有的会永远在人类的记忆中存留，有的会变作碎片天东地西地迭次散落。这是一些永恒的历史碎片，是永恒历史的一些碎片。

这些历史的碎片，它也许属于千年前万年前，可它们距离我们并不都那么遥远，有些也许就在我们眼前时隐时现。它们其实是保留在现实中的历史的片段，是我们看得见摸得着的历史片段。

皇上与王公大臣们游走端坐过的明清故宫，依然堂皇地站立在我们的眼前；蜿蜒于崇山峻岭的古老长城，还时时闪现在我们的镜头里。怀着思古之幽情，你也许还能看见山野里兀立着汉魏时的烽火高台，还有隐匿于荒草下的唐宋古道和青砖依旧的明清城池。这是一些鲜活的历史场景，它们在创造者后代的视线里一刻也不曾消失。

可是更多的历史事物，却被历史自己无情地摧毁了，变成了零落的碎片，这些历史的碎片常常隐藏在我们的视线之外，变成了一个个难解之谜。

这些碎片有的散落在地表，有的深埋在地下，经历了几百年、数千年，甚至是若干万年的风雨磨砺，昔日凝重的历史印记仍旧辉煌地铭刻在它们的上面。它们变幻的本体、它们斑斓的色调、它们鲜活的表情，是一个时代、一族人群、一种文化留给后世的宗谱。只要我们破译了它们的密码，揭开了它们的谜底，一段精彩的历史、一页昨天的画卷、一曲悠远的长歌，便都会豁然出现在眼前，响亮在耳畔。

有这样一些谜一样的碎片故事，它们都曾经牵连出一段久远的历史。

……1899年，身为国子监祭酒的金石学家王懿荣正在病中，他差人到北京城宣武门外菜市口的达仁堂药店照方抓药，方剂里恰有一味"龙骨"。王懿荣亲自审视那些破碎的龙骨，不料一眼看破"天机"，他看到龙骨上契刻着奇形怪状的符号！王懿荣立时感到"龙骨"上的这些怪异符号，恐怕就是文字，是比青铜文字更早的文字！兴奋不已的他抱病赶到药店，不惜以每片带字龙骨二两银子的高价包购一空。于是，甲骨文被确认了，那些碎骨头片像磁石般吸引了许多饱学之士。他们全力查证带字甲骨的出处，先是探访到出自河南，又听说出自河南汤阴。再穷追不舍，最后查明是出自河南省安阳西北的小屯乡。于是一个历史之谜开解了，安阳殷墟发现了，作为中国考古史上最重大的发现之一，殷墟使司马迁《史记》中的《商本纪》成为信史。一代代学者持续着殷墟的发掘，一个个重要发现吸引了人们的目光。殷墟历年出土的有字甲骨数以万片计，为商代历史和中国古文字的研究提供了十分重要的资料。

……北京西南的周口店,西面有叫作鸡骨山和龙骨山的小山,当地的农民将采到的动物化石卖到了中药铺,这些化石就成了一味重要的中药,也称为龙骨,中医认定它有安神平肝的功效。1918年,瑞典的地质学家安特生偶尔从一位朋友那里见到了采自周口店的龙骨,他很快就赶到鸡骨山考察。当时有一个农民又把他带到了不远的龙骨山,在那里采集到一些动物化石,还见到了可能是古人类石器的打制石片。安特生非常兴奋地对助手奥地利古生物学家师丹斯基说:"我有一种预感,我们祖先的遗骸就躺在这里。"安特生说这话的时候,就站在后来发现的北京人洞穴遗址的洞口位置。为了解开这个谜,1923年师丹斯基到周口店发掘,1929年中国学者裴文中教授发现了第一具北京人头盖骨化石,他还发掘到了北京人的石器、骨器和用火遗迹。在以后陆续进行的发掘中,共发现北京猿人包括5个头盖骨在内的40多个个体的化石,同时发掘到的还有北京人的数万件石器,以及大量用火遗迹。周口店的发现证实华北地区几十万年前就有人类生存繁衍，他们是蒙古人种的祖先。

……1918年，还是那个瑞典的安特生，他听说河南渑池县有古生物化石发现，便前往采集研究，这个地点就是仰韶村。1921年他又一次到了仰韶村，在村边冲沟的崖壁上发现了一些石器和陶片，包括一些绘有红色或黑色图案的彩陶片。安特生断定这里是一处新石器时代遗址，他于当年进行了正式考古发掘，获得了大批珍贵文化遗物。安特生又在周围的其他一些地点进行了调查或发掘，他认为这些地点的发现都属新石器时代末期的同一类遗存，他命名为"仰韶文化"。又因为这类遗存均以彩陶为明显特征，所以又称之为"彩陶文化"。从此，又一个谜被安特生解开，仰韶文化的研究不仅成为中国近代考古学发端的一个重要标志，也成为中国史前考古学乃至整个中国考古学研究的中心课题之一，而且一直影响着中国现代考古学的发展。

……秦始皇陵兵马俑磅礴的气势、雄奇的风姿令人震撼。被誉为"世界第八大奇迹"的兵马俑,最初呈现在人们面前时却只不过是一堆碎片。1974年当地农民在打井时,在地下深处发现了一些破碎的物件,非砖非瓦让人纳闷。数月之后考古发掘开始进行,很快这个谜便解开了,后来确认这里是兵马俑坑。农民的那眼井正好打在后来编为1号的俑坑边缘,挖出的是一些残破的陶俑。秦兵马俑坑是为秦始皇陵随葬陶兵马俑而修建的地下坑道建筑,考古勘探和发掘证实地下兵马俑坑共有4座,规模都很大,在秦始皇生前与陵墓同时修建。现场已经建起了一座大型博物馆,看见这些威之武之的兵马俑,你会感到秦皇一统天下所向披靡真的是不可阻挡。

……四川广汉的三星堆祭祀坑和成都的金沙遗址,都以出土大量精美的金玉铜器声名远扬,它们最初的发现也都是从不被人经意的一些碎片开始的。开挖地下管线的挖掘机,将金沙遗址那些三千年无价的金器玉器掘成碎片,然后又将它们回填到沟底。偶尔有人看见了那些异乎寻常的碎片,偶尔有人电话报了警，考古学家们很快赶来了，于是又开启了开解古蜀国之谜的一扇明窗，又一个古老神奇的故事在新世纪之初大白于天下。

……

碎片—碎片，这些碎片的故事，在中国在世界考古史上数不胜数。

碎片是考古学家揭开谜底进入往古时代的必由之路。若是在荒野发现了这样的碎片，他们会欢呼跳跃，他们会乐而忘返。他们通过寻找碎片，认识碎片，诠释碎片，重构了历史的一些局部轮廓与许多细节。考古学家和史学家都坚信，碎片所背负的历史将是我们明天最可信服的史书。

本来是环环相扣的完整的历史，留存到今天和明天的，都只是一些谜一样残断的碎片了。这些残断的碎片，也许就保存在日新月异的现代都市的下面，也许就隐形在我们世世代代居住的房前屋后，也许就翻滚在祖祖辈辈耕种的田边地头，它们说不准在哪一天就会冷不丁现形于我们的脚下。

我们是年轻的国民,我们生性有怀古思幽的兴致,有慎终追远的德行。如果我们有了一双乐于发现、善于辨别那些碎片的慧眼,那些谜底便会破解,那些残断的历史就会在我们的意识中复活起来,那个时候我们便会恍然大悟:原来我们都生活在古老历史的光影里。当我们用双手捧起那些碎片时,就一定会有这样一种奇妙的感觉:哈哈,原来历史就在我的手中!我们与历史可以面对面!

与历史的碎片去打交道,那本来是考古学家的事情。但与这些碎片的缘分,又不仅仅属于考古学家们。

这是来自一个互联网页里的感动你我的话:

> 我有一个理想,
>
> 希望有朝一日
>
> 可以从一小块陶片解读出另一个普通生命的喜怒哀乐,
>
> 从而
>
> 使古往今来的所有人不再为死亡分离,时世

阻隔；
　　让无尽的光阴就此透明，
　　让无数个体生命含辛茹苦的积累就此融会贯通，
　　让每一个人手拉手从亘古直到无尽的未来。

　　这太像是考古学家的情怀了，其实这就是考古人的梦想。但愿你我他都拥有这样的梦想，有了这个梦，你就有了游走在历史中的机缘，也就有了直面历史与古人对话的资格，你就会珍视那些历史的碎片，善待那些历史的碎片，那些碎片之谜就难不倒你我。

　　我们或者可以说：碎片就是一个一个等待开解的谜，那是历史留给今天的遗言。面对这历史的遗言，你也许不愿甘心于茫然无知，也不愿满足于一知半解。这遗言需要你我去读解，这碎片需要你我来拼对。一次一次拼对，一遍一遍读解，说不准有那么一天，这碎片会在你我手中连缀成壮丽的历史画卷。

架起过去与未来的考古长桥

——巴蜀书社《考古学经典丛书》总序

考古学集结了一批又一批老少学者,他们中的老一辈将毕生献给了这门学问,年轻一代则是孜孜不倦,贡献着自己的智慧。他们人数很少,能量却很大,常常有惊天动地的发现。

亲近这些学者时,你会深切感受到他们的满腔激情,他们是那么热爱这门科学。阅读他们的著述,感受到他们的聪明才智,是考古学家们架起了连通古今的桥梁,他们为之献出青春甚至生命。这座桥,我觉得可称之为"考古长桥"。

这是一座宏伟的长桥,我们由这桥上走过,后学都非常想了解这长桥的构建过程。考古学知识体系庞大,有许多分门别类的学问,它们就像是这桥上的诸多构件,不可或缺,质量也是上乘的。现在由巴蜀书社呈现出来的这一套考古学家的自选集，就是我说的考古长桥。考古后来人，有自己的使命，要为这桥梁更新部件，为这智慧产品更新贡献心力。这一套书，值得你收藏，值得你阅读。

本系列的各位作者，精选了他们凝聚心血之作，这都是考古长桥的部件，值得珍惜，值得宝藏。

我曾将考古学家比作现代社会派去往古的使者，考古人回归文明长河，直入历史层面，去获取我们已然忘却的信息，穿越时空去旅行与采风，将从前的事物与消息带给现代人，也带给未来人。是考古人带我们赏鉴和感触文明长河的浪花，让我们的心灵与过去和未来世界相通。

近年来突然间觉得冷门的考古学正在变作显学，在阅读那些普及著作的同时，我们还要了解原著，了解学者们从事科研的心路历程，了解这长桥的建造过程。尤其是正在或者即将入行的考古人，收藏与阅读给你们带来的乐趣一定是不可估量的。

2021 年 11 月 29 日

于京华寓所

我们一起寻根探源

——四川教育出版社《华夏文明探秘丛书》总序

古老的历史,并没有全都记载在浩瀚的史书里,悠久的文化,也没有全都保留在人们的记忆中。往事如烟,岁月悠悠,华夏文明源远流长,她有许多深藏在历史尘埃中的秘密,等待人们去探寻。

被称为"尘土学者"的中国考古学家们,为了探索华夏文明的奥秘,发掘出了许许多多被历史尘埃掩盖的珍宝,他们将华夏文明形成和发展过程中那些辉煌的篇章,展现在现代文明面前。

考古学家是经历人生艰辛最多的一类学者,他们苦苦求索,锲而不舍,硕果累累。

他们跋涉祖国的山山水水,走岩棚,入洞穴,风餐露宿,辛勤追寻人类起源的证迹;他们聚中原,散边陲,踏破铁鞋,艰难探寻华夏文明起源的轨迹。

他们奔走在古代骆驼商队往来过的丝绸之路，探访古代中西文化交汇的节点，发现了一颗又一颗大漠明珠；他们一次次进入古人生活过的聚落废墟，仔细审视它的主人遗下的足迹，亲身感受我们的先民们存留的气息。

他们周密勘探一座座湮没的千年古都，查证昔日的纵横街坊，复原消逝的巍峨殿宇；他们亲手开启历代帝王陵墓的大门，领略皇家葬礼的威仪，揭示神圣地宫的奥秘。

他们细心临摹古代墓室斑驳的壁画，揣摩无名画工的真实用心，再现古代社会生活的生动画卷；他们流连在残断的甲骨简册之中，辨识早已音义无存的字符，重现方块汉字演化的信息。

他们深潜江河湖海，寻找波涛吞没的古代商船，探取静静沉没在水下的珍宝；他们查访沙海深山的石窟摩崖，感受泥塑石雕折射的佛光，探索古代佛教艺术的真谛。

他们几乎天天在摩挲古人使用过的器具，研究它们原本的用途，揣度古代工匠不朽的匠心，他们寻觅到许多被历史老人遗忘的事物，纠正了不少世代相传的误说，费心考查万物的来历……

令人有些遗憾的是，本来是最质朴的学者，被人理解却越来越不容易；本来是一门大众化的学问，却久在象牙之塔愈来愈神秘。人们不了解从事这寻根探源的文物考古学家们，也更不了解华夏瑰宝重见天日的曲折过程。为了弥补这样的缺憾，我们就有了编写这套丛书的动机，也是为着了却一个久久不能忘怀的心愿。本丛书旨在普及文物考古学知识，希冀在文物考古工作者与普通读者之间，架起沟通彼此的通畅桥梁，提供一个直接对话的机会。

丛书的大部分作者，都是研究文物与考古的学者，作者在这里奉献的，是他们孜孜不倦研究华夏文明的心得，是他们辛辛苦苦探寻华夏文明的收获。作者们说道的不仅有收获的喜悦，还有探索的艰辛；不仅有珍宝出土的传奇故事，也有探索者自己的离合悲欢。

丛书探讨的，是人们触摸得到的曾经深藏在历史尘埃中的华夏文明，拂去历史尘埃，这些神州宝藏便见缤纷光彩。沐浴文化的雨露，蹈循历史的印迹，我们可以聆听到华夏文明演进的千古足音。

古老的华夏文明,像是一座巨大的迷宫,锁住了太多太多的秘密。我们的作者们领先一步,进入这千古迷宫探秘,一睹尘封的光彩,他们愿意与读者分享先睹的快乐,与素不相识的老少读者进入时空隧道,一起寻根,共同探源。

天工巧思开万物

——文物出版社《天工开物丛书》序

天之下，地之上，世间万事万物，错杂纷繁，天造地设，更有人为。事物都有来由与去向，一事一物的来龙去脉，要探究明白并不容易，而对于万事万物，我们能够知晓的又有多少？

"天覆地载，物数号万，而事亦因之，曲成而不遗，岂人力也哉？事物而既万矣，必待口授目成而后识之，其与几何？"这是明代宋应星在《天工开物》序言中的慨叹，上天之下，大地之上，物以万数，事亦万数，万事万物，若是口传眼观认知，那能知晓多少呢？

知之不多，又想多知多识，实践与阅读是两个最好的通道。我们仿宋应星的书义，又借用他的书名，编写出版这套《天工开物丛书》，其用意正在于开出其中的一个通道，让万事万物逐渐汇入你我他的知识海洋。

宋应星将他的书名之为《天工开物》，书名分别来自《尚书·皋陶谟》"天工人其代之"及《周易·系辞》"开物成务"。《天工开物》被认为是世界上第一部关于农业和手工业生产的综合性著作，是中国古代的一部科学技术著作，国外学者称之为"中国17世纪的工艺百科全书"。以一人之力述万事万物，其中的艰辛可想而知。当初宋应星还撰有《观象》《乐律》两卷，因道理精深，自量力不能胜，所以不得已在印刷时删去。万事万物，须得万人千人探究才有通晓的可能，知识才有不断提升的可能。

天工开物，是借天之工，开成万物，创造万物，如《周易·系辞》所言，谓之"曲成万物"，即唐孔颖达所说的"成就万物"，亦即宋应星说的"人巧造成异物"。认知天地自然，知万物再造万物。是巧思为岁月增添缤纷色彩，是神工为世界改变模样。每个时代都拥有它的尖端技术，这些技术不断提升变革，就有了现代的超越，有了现代化。这样的现代化也不会止步，还要走向未来。

科学技术是时代前进的杠杆，巧匠能工是精彩生活的化妆师。在我们这个古老的国度，曾经有过许多的发明与创造,在天文学、地理学、数学、物理学、化学、生物学和医学上都有许多发现、发明与创造。我们有指南针、火药、造纸和印刷术四大发明,还有十进位制、赤道坐标系、瓷器、丝绸、二十四节气等重大发明。古代的发明与创造,随着历史的脚步慢慢远去,是不断面世的古代文物让我们淡忘的记忆又渐渐清晰起来。这些历史文物,这些古代的中国制造,是我们认知历史的一个个窗口。

对一个历史时代的认识,最便利的入口可能就是一件器具,一种工艺,甚至是某种图形或某种味道。就让我们一起由这样的入口认知古代的创造,领略古人的匠心,追溯万物的源流,这也是一件很快乐的事情吧。

丝路流光
——三秦出版社《丝路彩陶》丛书总序

我们拥有一座历史文化宝库，宝库中满藏缤纷的彩陶。彩陶的美妙、古老与神秘，吸引了学者们的目光，也吸引了世人的目光。

自从瑞典学者安特生1921年在河南渑池县仰韶村首次发现彩陶以来，中国彩陶发现和研究的历史，迄今已近100年了。截至目前，在中国境内发现的含有彩陶的史前遗址已有1000多处。中国彩陶遗存之丰富，延续时代之久，谱系之复杂，内涵之深刻，为新旧大陆所罕见。

黄河流域是中国史前彩陶文化孕育、发展，并走向辉煌灿烂的中心区域。至少在距今8000年以后，彩陶文化的萌芽在陇东高原的渭河流域破土。最早的彩陶出自黄河支流渭河上游的秦安大地湾遗址下层，属于前仰韶时代，这类遗存被称为白家村文化（也称老官台文化、大地湾文化等）。星星之火很快成燎原之势，白家村文化之后当地兴起的半坡文化，揭开了黄河流域彩陶文化发展繁荣，并开始向外拓展和传播的历史序幕。

到了庙底沟文化时期，中国史前的彩陶艺术出现浪潮式传播。这种传播是随着庙底沟文化大规模的文化扩张开始的，庙底沟文化影响远及东部黄河下游的大汶口文化、北部河套地区的阿善文化和辽河地区的红山文化，还有南部长江中游的大溪文化，这样广大的地域内都发现过一些具有庙底沟文化风格的彩陶。这是很大的一次艺术浪潮，波及的地域非常广阔，产生的影响非常深远，中国古代艺术传统开始形成，开始走向成熟。

公元前3500年前后，黄河支流渭水流域向西的一侧，彩陶文化开始走向一条新的发展道路，马家窑文化人群将中国彩陶文化推向新的鼎盛阶段。马家窑文化以及马家窑文化之后，就像是多米诺骨牌效应，中国西北地区的彩陶文化西渐的步履加快，在西北大地彩陶文化历史的大潮中，掀起了东落西起的波浪。黄河上游河谷地带、河湟谷地、河西走廊的甘青地区，继马家窑文化之后，在齐家、四坝、董家台、辛店、卡约、唐汪等考古学文化或类型中，彩陶依旧是其文化特征中重要和显著的构成因素。

公元前3000年前后，史前艺术进入转型时期，彩陶文化在黄河中游地区开始出现某些衰落的景象。距今4500年前后，仰韶时代向龙山时代过渡，持续发展、繁荣了3000多年的彩陶文化，在黄河中下游地区陆续消亡。

公元前2世纪初前后，彩陶文化西传进入新疆的天山地区，沿天山山脉自东向西传播。天山地区的彩陶文化区域特征十分明显。哈密盆地有前后相承的哈密天山北路文化（或称林雅文化）和焉不拉克文化，吐鲁番盆地有前后相承的洋海文化和苏贝希文化，天山南麓一线有察吾呼沟文化，伊犁河流域有穷科克上层文化（或称伊犁河流域文化），都发现了一定数量的彩陶。

始源于渭河上游的彩陶文化，向东、北、南传播，对黄河中下游，中国北方大部，长江流域的部分区域产生了深远的影响。在黄河流域彩陶文化逐渐退出历史舞台后，传播至河西走廊西去的彩陶文化，继而西传进入天山地区以后，在天山地区又绵延了近两千年。汉代以后，伊犁河下游西天山地区的巴尔喀什河以东以南，中亚的七河地区、费尔干纳盆地，被称为所谓塞—乌孙文化中，亦见有东来彩陶文化的孑遗。直到此时此地，以大半个中国为舞台、结构恢宏的彩陶艺术的历史剧，最终落下帷幕。中国西北地区彩陶，自渭水陇山的白家村文化开始，到西天山伊犁河下游终止，前后经历5000多年的历史，在如此大时空范围绵延的彩陶，在中国史前史研究中的重要意义，对于中国文明起源的研究中的意义，都是不言而喻的。

彩陶超时空传播的动能，与彩陶的内涵有关。彩陶纹饰是表述信仰的符号，而传播的过程就是信仰认同的重要途径。关于彩陶纹饰象征寓意的解释，见仁见智。大多数学者认为，研究中国彩陶文化，需要设身处地站在用史前人类或者说原始思维的角度去审视。史前的原始思维，因为那个时候的人们，广泛相信灵魂、神灵的存在，普遍存在着对灵魂、神灵的信仰崇拜，神灵信仰崇拜是原始艺术创造与传播的根本动力所在。

我曾经认为，考察中国古代艺术史，大体以两周之间为界，分界之前的艺术关乎神界与灵境，表达的是幻象，主要的目的是娱神；分界之后的艺术是关乎人本与自然，主要目的变成了娱人。这是一个总体上的概括，是艺术创作的主导动力之所在，当然前后不同阶段的艺术，并不存在能够截然分开的鸿沟。我们考察史前彩陶艺术的象征意义，必须由信仰入手，不然是很难深入的，也是难得其解的。

中国史前的艺术，前后出现过三次艺术浪潮，这三次浪潮具有共同的主题，是都在造神运动中涌起，也都发展为非常成熟的艺术。

第一次艺术浪潮出现在距今8000年前上下，表现形式为分布在江南一线的白陶艺术。第二次艺术浪潮出现在距今7000到5000年间，表现形式是主要分布于黄河流域的彩陶艺术，彩陶艺术在西北黄河上游甘青地区、河西走廊和天山地区，延续的时间更晚一些。第三次艺术浪潮出现在距今5500到4000年间，表现形式是以良渚文化为主的玉器艺术。这三次浪潮中一脉相承的艺术表现手法，是用阳纹和阴纹相互衬托，表现神秘的信仰主题。掀起三次艺术浪潮的远古先民，创造了极其隐晦和抽象的符号象征体系，将对不同神灵的崇拜信仰，表现在自己独特的艺术旗帜上。史前三次大的艺术浪潮，彩陶艺术尤其源远流长，影响深远。

中国史前时代，最重大的文化事件之一是彩陶艺术的产生。如同文字书写了中国历史时期的历史那样，彩陶以其独特的隐喻方式，从一个侧面，记录了以中国北方黄河流域为中心的大半个中国史前的历史，尤其是记录了当时人们的精神生活史。

源远流长的中国彩陶文化，始终处于区域性和时代性的动态变化和联系中，每一个区域的彩陶文化都是整个中国彩陶文化的组成部分。中国史前彩陶文化有始有终，构成了欧亚大陆东部彩陶文化完整的谱系结构。不同时代的彩陶文化前后相承，不同区域的彩陶文化互动影响，以黄河流域为中心的中国史前彩陶文化谱系结构内部，存在密切的联系。要理解中国西北彩陶文化，就要站在彩陶文化经历的整个历史时空，进行历史性的俯视，对中国西北彩陶有整体和结构性理解，区域彩陶文化所具有历史的意义才能突显出来。

为更好地研究彩陶，我们对于彩陶宝库里的宝藏应当有深入了解，所以资料的收集整理刻不容缓。这次刘玉堂先生牵头对于中国西北地区的彩陶文化遗存，进行全面系统的整合整理，这是一个体量浩大且很有意义的学术工程。此前虽曾出版有《中国彩陶图谱》《青海彩陶》《甘肃彩陶》《黄河彩陶》《史前中国的艺术彩浪潮》等彩陶图册和研究著作，但多是独立区域性彩陶精粹汇集图册，少量为区域性的研究。进入21世纪以来，中国彩陶遗存又有了许多新的重要的发现，彩陶资料越来越丰富，也亟待整理。系统和全面地介绍近百年以来中国西北地区，特别是包括新疆天山彩陶的大型丛书，是学术界期盼已久的事情。

本套丛书分为《丝路彩陶·天山卷》《丝路彩陶·河陇卷》《丝路彩陶·河湟卷》《丝路彩陶·渭水卷》《丝路彩陶·中原卷》共5卷。丛书系统梳理了中原伊洛河流域、西北渭水流域、陕甘陇东地区和河西走廊、甘青河湟谷地、湟水流域和新疆天山地区百年以来彩陶遗存的发掘与研究，资料搜集全面、客观、翔实，基本架构了黄河中上游、河西走廊、天山地区史前彩陶的谱系结构，推动了中国史前彩陶研究比较完整的学术体系的建立。《丝路彩陶》丛书出版有重大学术意义，特别是对于深化东西方文化交流史的研究，一定会发挥非常重要的作用。

2020 年 3 月 15 日

于京中九龙山

古蜀时代营造的神界

——巴蜀书社《三星堆青铜器线绘与拓片》序

天府,古代用这个词称呼宜居之地,只有中国西南方向的一块宝地,地理上称为成都平原,古今都享有天府之名。在那里孕育出独具特色的古蜀文明,古蜀建立了自己的王国,创造出灿烂的文化。

蜀,传说它原本是一种昆虫的名字,是会吐丝的蚕虫,古蜀人很早就用这蚕丝织成了丝绸锦缎。后来这蚕成了部族的名称,又因此有了蜀国和蜀王,也就有了别具一格的古蜀文明。

各代古蜀王的名字,有一些保存在传说里。蜀国的历史,因为没有纳入中原主体史乘,只留下一些模糊的片段,那些细节早已湮没无闻。好在考古上的发现将许多的历史事象揭示出来,我们又可以开始勾绘出古蜀文明的大致轮廓来。

广汉三星堆遗址和成都金沙遗址等重大考古发现，让我们了解到古蜀文明的特质所在。大量金、铜、玉、石、骨牙类文物遗存，承载着丰富的文化信息。本书专题收录三星堆1、2号祭祀坑出土精品青铜器线绘图，让我们不仅又一次领略到古蜀文化的奇诡与精致，也让我们又一次踏入古蜀人的精神世界，认识他们造作的神界，了解他们崇拜神灵及与神灵沟通的方式。考古线描图是认识与记录考古资料的重要方法，与照片有互补作用，这一次将三星堆青铜艺术精品以线图方式集中展示，是一个很好的尝试。这次编者约我写了这篇序，就算本书中重点青铜艺术的一个导读吧。

古蜀人造作的神界，气势磅礴且机巧精致，生机盎然又神秘诡异。考古发现大量形体高大、威严神圣、地域特色浓郁的精美青铜文物，再现了四川先民独特的生存意象与奇幻瑰丽的心灵世界，也体现出古蜀族非凡的艺术想象力与惊人的创造力。

造神易，造神界难，古蜀时代主要以青铜造出了神，也造出了一个特别的神界。古蜀人的神界并不仅仅是存在于口口相传的神话中，更是创作有大量真切的艺术品，让你看得见，触得着，听得见，这些艺术品会直达你的心灵深处，你会产生共鸣，甚至发生震颤，让你久久不能忘怀。

艺术是信仰飘扬的旗帜，古蜀时代的青铜艺术正是这样一面飘扬的旗帜。古蜀人生活在自己营造的神界里，感觉与神同在，与神同悲欢。在这部书里，我们遇见的是青铜，是古蜀人用青铜打造的神界，我们感受到这神界的庄严与贞穆，还有奇巧与神秘莫测。

古蜀人营造的神界，有许多自己心中崇拜的神灵，在天有太阳神和太阳鸟，在地有地祇，还有连接天地的天梯神树等等，当然还有祖先神，国王们无一例外都是传说中神灵的化身。

在古蜀人的神话世界里，蜀王是神化的人王。古蜀先王，有教民养蚕的蚕丛，有教民捕鱼的鱼凫，还有教民农耕的杜宇和带民治水的开明，他们的名号多与蜀人的生业相关联，这是历史的记忆。传说中蜀王都有神一样的出生，也有神一样的归宿，他们专意为众生求福祉是蜀人永远的记忆。

古蜀王的尊容是怎样的？也许我们已经见到了他的造像，这是一尊高大的青铜人物立像，出土自三星堆2号坑中。青铜立人像出土后经过精心修复，整体形象基本完整，成为三星堆出土青铜造像体量最大的一件文物，十分引人注目。

青铜高台立人像光华熠熠、气势磅礴，它或许真是一代古蜀王的塑像，或者是古蜀时代某个神明的象征。它是以1∶1的比例仿真铸造，如此巨大的青铜立人像，在中国商周考古中闻所未闻。远观立人铜像体态修长，端正直立，双臂平抬，双手对握为环形，手握有物已失。近观立人铜像着纹样华丽的冠服，裸露十趾，两足正立。足下是两层高台，装饰四个连接为一体的兽首，兽首作细目翘鼻独角状。这尊铜像巍巍立定在恰以容足的高台上，双手握物，极目远眺，好似在奉献，又好似在默祷，气度庄重肃穆，神情祥和虔诚。

青铜立人头着筒形高冠，刺簪束发，冠分上下两层。

下层饰回纹一周,纹作两排平行。上层为大眼兽面之形,仅为一对带眉眼的大眼睛,耳鼻均无。兽面双目中的两睛略为圆形,处在冠面两侧位置,眼形球体很大,大到涨出眼眶之外。立人冠式为兽面冠,兽面的眉心有一圆形装饰,或以为是太阳象征。太阳是为天眼,兽面的双目与太阳图像同在,立人冠可称为"天目冠"。

立人像方面宽颐,鼻梁高隆;双唇紧闭,两耳外张;重眉舒展,清目极远。坚毅中显露出一种虔诚,和善中透射出一种肃穆,这是一种非常特别的表情。外角明显翘起的杏仁双目,让人感受到目光炯炯。

立人像冠服所饰纹样繁缛,衮衣绣裳的飘逸华美透过斑驳锈色畅达地放射出来。那些细腻的刻画,将立人本体的高贵表露无遗。立人像身躯挺拔,身穿紧袖内服、半臂式外套和裙式下裳。内衣无领窄缘,长袖短摆,袖长及腕,摆平及胯,向右开衫,腋下系扣。外套为半臂短袖,袖口宽缘,衣摆稍长于内衣,向右开襟。下裳实为裙装,开为前后两片,前高后低,前片平齐过膝,后片叉分及足。

在立人像衣外还有一条大带，大带作编织之形，沿外衣缘口左斜挎肩，两端于背后肩胛处结扎。这种斜挂的吊带别有风格，与横扎的腰带全然不同。

立人衣裳繁纹满饰，纹样构图取图案化形式，对称工整，有大块单元，也有连续小图，应为锦绣织物。半臂外衣纹样最精，纹样分为两组，以前后中线为界。前后中线构图相同，用相间的一旋一圆的眼形图案组成垂直纹饰带，将外衣中的图案分为左右两组。左侧一组为排列成方阵的4条龙纹，龙纹两两相背，龙吻龇咧上昂，龙爪紧握为拳，龙翅高展，龙鬣飞扬，迅雷疾风，威之武之。右侧一组为竖向平行排列的两排兽面纹，构图简约，稍见眉目而已，春煦秋阳，温之霭之。

内衫因隐于外衣之内，前后身见不到纹饰，可能为素衣，但出露的两臂位置却有镂空纹样显现。

下裳前后摆纹样雷同，纹分两段，均为兽面图像。上段为大眼兽面，主体为圆形双目，目眼间有鼻形图案。下段前后各有四张倒置兽面，兽面一般也是只表现双目，但戴有三齿高冠。这样子是兽是人，尚不能判定，非平常之人，亦非寻常之兽，面目并不狰狞，气势亦不张扬。

华服之外，立人像身上可能还有过一些佩饰。在两耳下廓有佩戴饰物的透孔，在脑后存有插簪的斜孔，表明立人原本有简单的首饰。在手腕和足踝处，又分别见到环形装饰，可能表现的是手镯和足环。

这尊青铜立人像会是谁的雕像呢？立人像或者是宗庙内祭祀先王及上帝特设的偶像，它能沟通天地、传达神谕。在小国寡民时代，古代君王具有多重身份，既是号令平民众生的一国之君，又是统领大小巫师的群巫之长，这尊立人像代表的可能是政权与教权合一的领袖，也就是蜀王兼群巫之长的形象。立人像穿着礼服，手奉祭器，似乎正在主持一次隆重的祭典。

立人像饰有四龙的外衣，古代称作衮衣。身着华彩衮龙袍服，立人地位一定显赫非凡。《说文》云：衮，天子享先王。衮衣上的一般卷龙绣于下裳，龙形要盘曲向上。《周礼·司服》也说："王之吉服，享先王则衮冕。"衮衣就是卷龙衣，《诗·豳风·九罭》曰："我觏之子，衮衣绣裳。"立人像衣冠正是绣有卷龙之吉服，是为衮衣绣裳。古礼王者衮衣之龙首向上，而公侯之服绣龙的龙首则向下，立人像衮衣上的四龙之形龙首向上，应为王者之服。衮衣吉服为王者之服，立人像自然为王者之像，此像当为蜀王之像无疑。

立人像身穿衮衣，具有王者身份；又见它立于高台之上，手握神器，同时又具有巫者身份。兼大巫、大王于一身，这也许是立人像的本来面目。

是王，或是巫是神，对古蜀人而言，立人像地位非常崇高，至高无上。在古蜀时代，蜀王就是神一样的存在。在蜀人眼中，他们的王就像神一样奇伟高大。

传说古蜀第一代开明帝称丛帝，原名鳖灵，本是东方楚国人，失足落水淹死，尸首却逆流而上，被打捞复活做了蜀相。后来鳖灵治水有功，蜀王将王位禅让给了他。蜀王有的是从天而降，有的是自外地而来，他们具有与生俱来的神性。蜀人也是经过多次移徙进入蜀地的，并用他们的智慧创造了天府之国。人神杂糅，人神共舞，这便是古蜀人的世界。

在古城时代之前，蜀地建造天府之国的奠基石，在那遥远的时代就已经在开凿了。天地间任一生命的出现，都是一场奇妙的旅行，人类更是如此。蜀地蜀人的生命旅行中，有殷切的期盼，期盼神灵护佑苍生。

与立人青铜像一样引人注目的是，在祭祀坑中还发现许多青铜人头像和神面像，数量多，体量大，同样也非常震撼。那些神面像，一看就是威严的众神，它们狞厉的面色，具有一种强大的威慑力。

三星堆两个祭祀坑共出土青铜人头像50多件，人面像都是明确的男性形象，没有见到一例确定的女性标本。雕像一个比一个剽悍英俊，如壮士，如斗士，都是勇猛之士。

这些古蜀时代的青铜雕像，浓眉大眼，高鼻阔嘴，编发剃须，戴冠缀环，长衣束带，有的原型是古蜀人。那些青铜人面像当是古蜀神灵雕像，特别是"纵目"面具雕像，曾被认作蜀人始祖蚕丛的模样，《华阳国志·蜀志》说，"有蜀侯蚕丛，其目纵，始称王"。蚕丛出身为神，他的造像自然不与常人相同，纵目便是最显著的特征。

让发现者没有想到的是，在一些青铜人头像的面部敷有一层金箔，以黄金贴面，在古蜀人而言是一种非常特别的仪饰。将青铜雕像覆盖上一层金箔，使冰冷的人面像或是神面像熠熠生辉，应当有别的深意。虽然只不过是一层薄薄的装饰，并不是所有的青铜雕像都有金箔装饰的脸面，有理由认为那些覆盖着金面的雕像是某种特别身份的象征。金光灿烂的金面青铜人像，曾经为古蜀人隆重的祭典带来过不一样的光芒。

三星堆青铜器件上，特别是与人像相关的装饰上，常见有眼形装饰。仔细观察发现，青铜立人像的周身布满了眼形装饰，除了双眼兽面冠，下裳前后都有成组兽面装饰，均以环眼作为主要构图。在衮衣前后都有直行排列的眼目纹和成组横排的简化兽面纹，眼睛纹样成了立人外衣的主要装饰。布满眼目装饰的立人像，可以看成某种眼目的化身，这立人像是古蜀人奉行眼神崇拜的最好体现。

三星堆两个祭祀坑发现不少眼形装饰，青铜人面兽面上各类变化多样的眼睛造型，一些青铜人像身上的眼形装饰，还有大量单体的青铜眼形装饰，这是一种非常特别的艺术表现。如青铜神坛中部铸出的操蛇四力士像，它们双腿的外侧都有对称的眼形图案；在另一座青铜神坛顶端有一尊跪坐的人像，残存的双腿外侧也见到一双眼形图案；还有另一件小青铜人像的双腿外侧，同样也见到类似的眼形图案。这些青铜人像的双腿外侧都有相似的眼形图案装饰，它们的装束是如此一致，具有同样特别的意义。

古蜀人对眼睛图形如此热衷表现，眼形对他们是非常重要的一个象征，眼睛崇拜在古代蜀人的精神世界中是一个核心所在。这种眼睛崇拜只是一个表象，人们崇拜的并不是单纯的眼睛，很可能目标是太阳。

我们知道萨满教中的天神同时也是太阳神，太阳神往往被刻画成眼睛形状。在诸多古代神话中，太阳被称为"天之眼"，太阳神称"天之眼睛"或"世界的眼睛"。日出日落，昼夜变化，四季更替，太阳给世界带来生命，给人类带来希望，太阳崇拜成为人类最普遍的信仰。在古蜀文明中存在大量反映太阳崇拜的艺术品，让我们看到蜀人崇日祭日风尚的许多细节。

值得注意的是，甲骨文和金文中的"蜀"字，是一只带着小卷尾的大眼睛，这个模样与三星堆立人像冠式的侧视图相同，也与一些同时出土的兽面颔下附带的眼形相同，这会不会是"蜀"字的本义？它原本就是飞翔着的大眼睛，而不是传统认作的小小的蚕虫。

天是那样高远，人若是要与天神交流，情理上应当有个通道。古代中国神话设计的人神交流通道是高高的大树，树可参天。扶桑、若木和建木，正是古代中国神话中的神树，有的神树被认为是通天之梯。神树崇拜是古代世界共有的文化现象，先民们认为神树能连通天地，沟通人神。

古蜀人也有神树信仰，这神树不仅只是口耳相传，也不仅仅是出现在有限的画面上，他们是用青铜造出了高大的神树。三星堆出土了8株青铜铸造的神树，推测是常设于宗庙用于隆重祭仪的通天神器，体现了古蜀人的宇宙观，也记录着他们的信仰。

三星堆出土的1号青铜神树形体最大，由底座、树枝干和龙体三部分组成，通高近4米。神树采用分段铸造工艺，是中国考古中发现的形体最大的青铜文物。树体分三层枝叶排布，每层横生三枝，枝端是一个花果，花果上站立一只鸟，一共是九枝九鸟。

在《山海经·大荒东经》中记有这样的神话："大荒之中，有山名曰孽摇頵羝。上有扶木，柱三百里，其叶如芥。有谷曰温源谷。汤谷上有扶木。一日方至，一日方出，皆载于乌。"汤谷即为旸谷，也就是太阳谷，是太阳之家。这扶木也就是太阳树，太阳止在树行在天，都由太阳鸟载着。

扶木或又写作扶桑，《山海经·海外东经》中说："汤谷上有扶桑，十日所浴，在黑齿北。居水中，有大木，九日居下枝，一日居上枝。"扶桑树，是太阳树，是一棵神树。

也许这青铜树就是传说中的扶桑，是古代"十日"神话的情景再现。曾经有过的十个太阳，传说是帝俊与羲和的儿子，这十个太阳每天轮流上天当值，一个在天上当值时，另九个就在扶桑树上。三星堆青铜神树上有九只神鸟，它们就代表着九个轮休的太阳，这是一棵太阳树，树上栖止太阳鸟，正契合了《山海经》中的神话传说。

三星堆另一棵2号青铜神树已成残体，有树座和主干，顶部残缺，可见枝端也立有铜鸟。神树三面各有一跪坐铜人像，守护着神树。其他还有一些小体量神树，枝端也见有立鸟。这样的神树，可能也是扶桑，都是太阳树。

我们容易忽略的是，隐在这神树上的还有一条神龙。绳索状的龙体蜿蜒在树干上，上尾下首，好似刚好从天而降。其中的寓意还不能完全理解，但这龙的出现自然为神树增添了许多的神秘气息。

还有一株神树，呈双树连理并立之形，这也许就是传说中的天梯。《山海经·海内经》《淮南子》《吕氏春秋》中都提到传说中的建木，建木生天地之中，有百仞之高，众神缘之上下。这建木便是天梯，是沟通天地人神的桥梁，伏羲、黄帝等"众帝"都要由神树天梯上下往来于人神之间。

站立在青铜神树前，想一想古蜀时代创作神话艺术的工匠们，他们为制成这些高大的作品倾注的心力。自然也会想到，中国神话的许多篇章，原本是古蜀人的精彩奉献。

三星堆2号坑出土青铜器中，有一件"神坛"，原件形体虽然不大，但是复原出来的结构复杂，内涵十分丰富。

青铜神坛铸造精细，从下往上主要由兽形座、立人与山形座、方形盒几部分拼合而成。下层的兽形座底部为圆盘形，上立大头、长尾、四蹄、有翼的两尊神兽。中层的立人座底盘承托在神兽角与翅上，座上立四个持物的力士，力士面向四个不同的方向。往上是山形座，承托在四立人的头顶上，山形座上是斗形方盒，方盒每面铸五位持物的小立人，四角上端各有一只展翅的立鸟。方盒最上端还有一个收缩的接口，上面拼接的附件已失。结构复杂的神坛体量并不大，推测可能是一个微缩小样。

复杂、奇诡是神坛的主要特点，人、神同在的神坛可以作五个层次的划分：神坛下层有一驭手与两只怪兽，是兽体鸟冠子带翼，兼具鸟与兽的双重特征，它的神性有推测认为类似古代神话动物蜚廉，是一种有翼神兽，这是托举神坛的基础之所在，也是运行神坛的力量之所在。神坛中部的四人像身着鸟服，也是神坛的托举者。往上第三层为四人面四瓣坛座，如果以"坛"称之，这才是真正的坛座之所在，坛座的形状和所饰的图案与一些青铜神树的底座相似。往上第四层为四鸟二十力士护卫的方斗形坛身，正面有鸟身人面像。最上缺失的第五层设想为兽妆跪坐人像，这是神坛的中心所在，跪祭应当是当时最为虔诚的姿势，这样的造像其实也一同出土了。

这是一座移动的神坛，是追随神灵而行走的创意。全器表现的是，依靠神兽力士的托举，已经登天的巫师正跪立在天神（很可能是太阳神）面前，是在祈求，还是在奉献，那就不得而知了。

上面提到的几类青铜制品，是古蜀风格的体现，是古蜀人营造神界的创意作品。三星堆还见到一些具有中原商文化风格的青铜礼器，如铜尊、铜罍与铜铃，从造型到纹饰都与中原所见雷同，它们有的可能是商的输入品，有的则是古蜀匠人的仿制品。

由这些带有明显中原风格的礼器，我们看到了商文化的远程辐射，这不仅是不同地区艺匠之间的交流，也是信仰认同的写照。

许多学者探讨古蜀与中原的关系，有一体论和分支论，在文化上古蜀发展起浓郁的区域特色，却也受到中原的强烈影响。由信仰体系而言，两者之间更是难分彼此，只是古蜀人在艺术表现上发挥得更为奇诡神秘。

古蜀王国是一个以神权为主导的社会，蜀人在神灵信仰中形成独特的仪式，有一种献祭仪式，是在祭仪完毕后将各种祭品毁弃并埋藏地下。人类给神灵献祭的，是人自己觉得最喜爱最宝贵的物品，觉得人最需要的一定也是神最需要的。古蜀遗址中出土大量精美文物大多不具备实际生活用途，而与宗教祭祀活动密切相关，祭祀之频繁与祭品之丰富，体现了宗教祭仪在古蜀国社会活动中的深远影响。

我以为三星堆祭祀坑埋藏的是满满的古蜀时代智慧的结晶，那都是古蜀时代独特精彩的文创作品，是记录一个地区一个时代思想的优秀文化遗产。没有三星堆和金沙对古蜀文化的保存与发散，中国文化就少了许多活跃的动能，如同没有川菜川味，我们就谈不上品味中国滋味一样。

我想回过头来再评述一回三星堆遗址的埋藏，这一座宝藏虽然已经发现了快一个世纪，但我们对它的认识也许还只是处于初始阶段，因为这个发现还只是冰山一角。就在两个祭祀坑边，新近又发现了几个这样的坑，一定还会有更多的发现在等待着发现者。对这些排列有序的器物祭祀坑，相信研究者再不会用外族入侵犁庭扫穴来定性，我确信这是一座古蜀王国的国家祭坛。

三星堆城中的这一座国家祭坛，是蜀王定期举行祭仪之所，是祭天或是祭地，还是天地合祭，这有待进一步研究。一次祭典留下至少一个埋藏坑,如果一年一祭,或者一位蜀王举行过至少一次。祭典很隆重,奉献也很贵重,这样的祭典举行也不可能太密集。也幸亏有这样的祭坛埋藏了这样多的艺术珍品,不然我们对古蜀文明的发达程度也就不会有准确的评价了。

巴蜀符号与文字

——科学出版社《巴蜀符号集成》序

战国至汉初的巴蜀兵器、工具和印章等铜器上,常见铸刻有一些特别的图形符号,包括人形、动植物形和几何形等,神秘奇诡,变幻莫测。数十年来,不断有研究者进行研究,认识也逐渐得到深化。不过由于相关资料比较零散,使进一步研究困难重重。

值得庆幸的是,这种状况很快会有明显改善,严志斌和洪梅两位学者做了大量收集整理工作,他们编撰的《巴蜀符号集成》即将出版,一方面是他们自己研究的需要,另一方面也将这方便带给了其他需要者。他们嘱我为这个集成写个序,我虽然觉得自己担承不起,但却也想为本书的出版表达一种兴奋的心情,于是应承下来。

也可能许多人不大清楚,我30多年前在担任四川考古队负责人时,就曾以许多已有的研究成果为基础,对巴蜀符号的单元、组合、性质等方面的问题，从考古学的角度出发，进行过初步研究，有了一点新认识。也正因为如此，严志斌和洪梅就有了让我作序的想法，我得谢谢他们，他们让我又有了一次回溯旧论题的机会，也让我看到了过去没有涉猎到的不少重要资料。

巴蜀符号很早就引起学术界的关注，不过真正科学的发现，是自1954年发掘巴县冬笋坝和昭化宝轮院的船棺葬时开始。后来的发现大体分为川东和川西两个大区，川北大体归属于川东大区，这是古代巴蜀活动的主要区域。四川以外的地区，也曾零星出土一些类似的巴蜀兵器。随着时间的推进，相关发现渐多，陆续有人收集整理，研究渐次深入。

《巴蜀符号集成》是巴蜀符号的大集成，是迄今为止最为全面的资料汇集。这个工作的完成并不容易，除了大量出土品，还有不少零星收藏品，有了这样一个大集成，也就树立了巴蜀符号研究的一个新的里程碑。

对于主要发现于巴蜀故地的这些图形符号，川渝学者倾向于称之为"巴蜀图语"，我自己曾称之为"巴蜀图符"。"图语"之说，显然并不确切，它是符号，虽不能认定是文字，却与语言无涉。现在严志斌二人重又倡导称之为"巴蜀符号"，也算是一个可以接受的选择。

这个符号集成，是个符号图集。对于大量图形的编排，以什么序列呈现最好，作者应当有过反复考虑。根据凡例所述，本书的排序基本是先以器形归类，然后以一器上图形的多少升序排列，这样眉目比较清晰，也便利检索。

巴蜀符号的分类研究，是一项基础研究。符号图形以多单元的组合形式为主，也有少数情况下以独立的单元出现。先前刘瑛先生曾归纳为17种，包括不少组合形式，并不全是单个的母题。我自己曾将出现较多的图形单元区别为27种，有象生类的虎形、鸟形、蝉形、鱼形、鹿形、蛇形、心形、手形和人形等，其中以虎形、心形、手形和人形最为引人注目。

人形有人头形，也有全体形，基本为裸体或着紧身装的式样，跪姿立姿都有。有无发式、披发式、平帽式、独髻式、丫髻式、山冠式的分别。心形是个比较神秘的图形，心形与手形的组合是最常见的形式，心形有时成对出现。手形有时是一整个手臂，五指毕具，手指平伸，大拇指翘起，手形极少在印文中使用。

又有几何类的亚腰形、双弧形、笋尖形、双折线、尾羽形、网格形、栅栏形、草木形、回形、王形、双丫形、丫角形、双齿形、凸形、小方形和豆荚形等。最引人注目的是双折线，一对左右相对的折线，拐了两个直角形的弯，双折线极少以单独的形式出现，都是作为复杂组合中一个包在外围的单元出现的。

还有一些器具类图形，如戈形、铎形和罍形等，其中以铎形最为引人注意。铎形是铎的一个大致轮廓，与其他单元组合在一起出现在兵器上，更多见于印章。严志斌二人经过仔细梳理，进一步细化了巴蜀符号的分类。他们在前言中强调，要研究巴蜀符号的性质，厘清它的特征、组合与年代非常重要，分类也许是最为紧迫的事情。我知道当初自己对巴蜀符号的分类，还是粗线条的，直接的目标还是想确定一些关键性符号，找到理解它们的突破口。现在《巴蜀符号集成》按"尽可能进行区分的原则"，将符号区分为272种，归纳为人形12种、动物形26种、植物形33种、器物形31种、建筑形20种、几何形150种，重新建立了一个比较细致的分类体系，我觉得在现阶段这是可以接受的一个分类体系。

在分类研究过程中，对于变化多样的符号，作者进行了归类合并。特别是对大量的几何符号，归为150种，虽不一定全都合理，但这个工作还是很有意义的，在具体研究中还可以进一步调整。这些几何形符号，虽然大多意义不很明朗，但其重要性不可低估，它们中间也许就藏有解读全部符号的钥匙。

探索巴蜀符号组合的特征，也许是解读符号意义的另一把钥匙。我当初经过排比分析，归纳出9种比较重要的代表性组合，也是比较常见的一些组合。这些组合有双弧组合、虎形组合、手心形组合、人首与人形组合、蝉形组合、鹿戈形组合、双折线组合、栅栏形组合和铎形组合。通过对巴蜀图形各种组合形式的初步分析，得出了这样几点认识：一是各种组合的地域分布比较明确，基本可以分为川东地区和川西地区。二是组合方式各地遵循着统一法则，组合结构大体相同，仅在关键单元上互为区别。三是组合形式的发展趋势，大约是由简到繁。简式组合分布区域较小，复式组合分布广泛，遍布川东、川西两大区。四是组合中某些特定的单元有明显的替代关系，也有一些单元表现出必定组合与绝少组合的特点，也是对它们进行释义的重要钥匙。五是各类组合形式往往并不通铸在所有种类的兵器上，某种组合专铸于某类兵器，很少串铸现象。

本书作者也强调了符号组合研究的重要性，认为组合研究的基础是单个符号的研究。他们自己在研究过程中，发现有一些符号的组合呈现出特别紧密的联系，有的符号常常以固定的组合形式出现，举出的这类组合例证有四组：

一是手心形组合，见心形者有241例，见手形者有253例，两者组合有210例，为一种比较固定的组合。

二是穗状植物形与亚腰及双折线组合，有25例。

三是罍形组合，有26例。

四是笋形与亚腰形组合，有27例。

他认为这几组高比例出现的组合，一定是固定的符号组合，而且组合的顺序也基本一致，判断为是用符号表示出的"固定习语"，或可称为"复式符号"。

我也注意到严志斌近几年已经由一些重点符号入手，开始探索符号的意义所在，有了明显收获。

除了说明分类法则及结果，在前言中作者还特别提到巴蜀符号的方向性问题，他们觉得这关系到符号的结构与形态认知，也是一个比较关键的方面。结合符号所在器物进行分析，发现了一系列与符号方向相关的有趣现象，这对于解释符号的意义会有一定帮助。

作者还提及巴蜀符号的器物性，应当指的是符号与器物的关联度。某些符号只见于某些特定的器具，如在铜印和兵器上，符号的使用有明显区别，某些出现的印章上的符号不见于兵器，反之亦然。

还有一个更重要的问题是巴蜀符号的族群性，作者认为虽然少数符号出现在明确的地点，却并不能区分巴蜀各自专用的符号，"从总体上看，巴蜀符号并不具备民族或种族的族群性特征"。对于这一点，我还会保留过去的认识，巴与蜀在符号体系上应当会存在区别。

作者认为，对于巴蜀符号的解读是一个难题，所以它的性质还并不明确。他们在前言的结尾说到编辑这个集成的目的，"就是为巴蜀符号的研究提供必要的基础资料"。

巴蜀符号的性质，应是巴蜀符号研究的最终目标，研究一开始大家就直奔这个目标而去。最先注意到巴蜀兵器所铸图形并做出解释的，是卫聚贤先生。他从古董商手中购得一批传出成都白马寺的巴蜀兵器，卫氏对兵器上铸刻的虎、手、心形进行了研究，他认为这是文字，古代巴蜀有自己的文字。科学发掘船棺葬而获得大量铸有巴蜀图形的兵器以后，徐中舒先生认为，白虎是巴人板楯的族徽，兵器上铭刻的就是"巴文"，并肯定那"是一种文字而不是图画"。后来他又进一步指出，巴蜀图形是一种夏代通行的文字。

《四川船棺葬发掘报告》发表时，执笔者认为兵器上的图形"可能是代表氏族或部落的记号，也许还有文字意义"。童恩正先生在《古代的巴蜀》中认为将巴蜀图形笼统地称为文字并不恰当，而是"类似商周青铜器铭文中的图形族徽"。李学勤先生认为巴蜀图形应属文字范畴，有的是表音符号，有的则是表意符号。孙华先生认定巴蜀图形不是文字，而是原始巫术吉祥符号。李复华和王家祐先生认为巴蜀图形组合虽然难以构成篇章词句，但当是人们当时表达语意的特殊符号图像语言，因而可称为"巴蜀图语"。陈显丹先生将常见的巴蜀图形概括为动物、植物和人像三类，指出巴地蜀地的图形种类及组合都有一定区别。刘豫川先生专门研究了出土的50多枚巴蜀印章，主张采用"巴蜀符号"来称呼巴蜀图形，认为它们"至少处于狭义文字的上源"，应归入文字范畴。

巴蜀符号不是常见于青铜器的那类装饰纹样，似乎也不是具有严格定义的成熟文字。一半以上的图形是象生形及其变体，这极容易被认定为象形文字。先前我认为巴蜀符号组合多数当是巴蜀人的徽识，包括部落联盟的徽识，也有部族徽识，甚至还有家族及个人的标记。理由有二。一是巴蜀图形的使用有严格的禁约现象，一些图形单元只出现在某一地区，或者集中出现在某一地区，其他地区不见或极少见到，其使用受到严格的限制，形成一种禁约。这些便是构成徽识图案的最关键的图形单元，反映着不同部族固有的历史传统与文化心理，表现出它们独特的信仰。二是巴蜀图形的组合有特定的分布地域，恰与不同部族的分野大体吻合，大体与巴族和蜀族的活动区域相一致。川东川西两地还曾见到同样的图形组合形式，即网格形双弧组合，可能是巴蜀大联盟的标志，是两族共同的徽识。大部分图形组合形式，都可能是战国时代巴蜀两族及其附庸的徽识。由结构大体相似的徽识，可以窥见巴蜀部族的高级联盟和一般联盟。又由徽识的些微差别，展示出了联盟中的部族的本来标志。

当我们在判断这些符号与文字之间的联系时，会问及这样一个问题：巴蜀在商及两周之际有无文字？觉得是应当有的，只是仅由这些符号，还看不出是否属于成熟的文字系统。

另外根据三星堆的发现，似乎可以判断巴蜀符号的出现较原先所知年代更早。在一件刻纹玉戈上，可以看到两个小小的符号，这符号与后来大量见到的船形符号较为相似，由此可以认定巴蜀符号的出现年代应当能提早到商周之际。

在金沙出土文物上，我们没有见到文字类的刻画。在三星堆的文物上，也没有发现文字证据。在中原地区的这个时期，不仅有甲骨文，还有大量铸造在青铜器上的铭文。古蜀人是没有自己的文字呢，还是不乐意将文字刻画书写在器具上呢？

有学者认为，按照文献的说法，古蜀确实没有文字记载，汉代人扬雄说古蜀国没有文字，甚至不知礼乐。可是据《礼记》《孔丛子》所述，孔子适周学礼，与出身蜀地的苌弘习乐律，以此观之，说蜀无文字礼乐并不得当。《汉书》等汉代文献又说尸子曾在蜀国著书立说，尸子在秦国曾与商鞅一起变法，后商鞅遭车裂之刑，尸子秘密逃入蜀地，在川蜀终老一生。尸子在蜀著书，"凡六万余言"，名为《尸子》。尸子跑到一个没有文字传承的地方去著书，他也一定将这文字传播到了那里吧。

蜀及巴有无文字，由这个符号集成我们似乎看到了一些线索，慢慢我们也会做出确定的判断，会说明这些符号与文字的关系，会说明它们到底是不是真正的文字。

末了，对这集成的编辑我还有一个小小的建议，可否考虑以各类符号为纲再编成一个索引，指明同一种符号出现在哪些器物上，让一般研究者便于查阅，如是则功德更圆满了。

同世界一起成长

——写给《果壳阅读·生活习惯简史》系列图书的小读者们

小读者们：

你们好！

妈妈和爸爸带你来到这个世界时，你能做的第一件事是啼哭，这啼哭声是在宣告：瞧呀，一个小不点，我来了。

当你来到这个世界，你就为世界增添了一道新风景。为着你这道风景更加亮丽，也为着这个世界更加亮丽，我们不仅开始感知饥饱，感知冷暖，感知明暗，也开始认知这个世界。

我们认知世界，也在认知自己，完善自己，我们与世界一同成长。

这世界真大，世界是这样的多姿多彩。不过这世界并不是从来就是这个样子，它经历了遥远的从前，经历了许多成功和曲折，一步一步走到今天。这世界忘记了许多事物，也留下了许多故事，还传下来许多生活习惯。我们现在读到的系列图书《果壳阅读·生活习惯简史》，让我们了解到自己生活中的许多习惯，都是继承祖先们智慧创造的结果，没有长久时间点点滴滴的积累，这个世界就不会变得越来越美好，我们的生活品质也不会提升到现在这样。

对过去的事物，我会有一种特别浓厚的兴趣，这是因为我是一个考古学家。我和我的同行，常常在古代废墟查寻，总想找回多一些的历史记忆，那些衣食住行的故事，最能让我们动情。古人如何烹调，怎样纺织，如何修建房屋，怎样造出车船去旅行，考古解开了一个一个的谜。每当有了新的发现，我会突发奇想，要是古人生活在今天，他们看到飞机和电脑会有怎样的惊奇？要是我们生活在古代，没有电话没有手机我们又该怎样互相联络？

《果壳阅读·生活习惯简史》系列图书的编者，通过画面带我们开始一次次的时间旅行，告诉我们日常生活习惯的由来与变化。从书中我们会知道生活在远古时代的人们，曾经像动物一样食用生肉，后来才学会了用火，发明了烹制食物的各种器具与方法。我们会慢慢了解一代代人共同的努力，认知科学，发展技能，使生活发生了很大变化。比如人们在劳动中发现了旋转的魔力，利用它钻木取火，给兽骨和石器打孔，用纺轮纺线和用陶轮制作陶器，后来发明了车轮和马车。从此人们的旅行不再只是依赖双脚，到今天我们使用的所有交通工具都离不开轮子，这都是旋转的力量。就在这样的旋转中发明了马车、轨道马车、火车、汽车，还有轮船和飞机。我们会慢慢明白，这个世界包括了一代代人的创造，未来世界也一定会收下你成功的创造。

认知世界，认知自己，人类不断充实科学头脑，不断丰富知识宝库。我们在这套绘本中，可以学习到一些简单有趣的知识。从古到今，从早到晚，让我们跟着这套绘本去旅行吧。跟着这绘本走世界，认识自然，了解自己。跟着这绘本学习生活，学习为这个世界增光添彩的本领，同世界一起成长。

写于 2014 年 5 月 11 日母亲节

当漫画喜欢上考古

——上海古籍出版社《考古入坑指南》序

有一位叫李子一的女生,在大学攻读考古学时,因为热爱考古,自称为女汉子。又因为喜欢漫画,她开始让漫画也喜欢上考古。于是一个品牌在不知不觉中诞生,这就是我们现在看到的这本《考古入坑指南》。

阿三(李子一的"绰号")画的考古漫画,近年来在考古圈出了风头。现在上海古籍出版社将这些漫画结集出版,风势不减,愈刮愈猛了。

自称是"考古圈一画画的,漫画圈一挖墓的",一位爱漫画的女学生,又那么热爱考古,也许在当下她是唯一,李子一的出现更显出特有的珍贵。当漫画喜欢上考古,又当你喜欢上这考古漫画,你会觉着这考古不再陌生,不再枯燥,不再清冷,也不再神秘,相反却是色彩缤纷,妙趣横生。

用漫画描述考古，阿三不能算是第一，但在学考古做考古时画考古漫画，而且画得这样出色，那就再没有第二位了。

我不大懂得漫画，但略知漫画有一个明确的功用，那就是讽喻。这样的漫画，画意在画外。阿三的漫画，是属于专业漫画，是知识类型的漫画，觉得画意是要将无趣变得有趣，将有趣变得更有趣。而且是将小众冷僻的知识提升起温度，让它变得温暖、平实又贴近大众。

的确，考古这行当，虽然行内有人可以爱它爱得苦苦切切，可过去却不大为大众理解，现在也仍然有许多人不那么理解。熟知专业的人希望更多的人理解这专业，也是责无旁贷。阿三一面研习考古，一面将所学得的知识用漫画知会同学，也惠及公众，功莫大焉。

阿三的漫画，内涵与情趣，都超出一般的同类专业性漫画。画面既有充实的情节，也有真实的细节。既有写实的风格，也有浪漫的情怀。在内容上表达准确，文与画都在专业范畴内流转。有情有趣有滋有味，却并无哗众取宠的念想。画得也是非常认真，虽然是漫画，却并不是随意走笔，让人感觉漫画也可以这样一丝不苟。

考古与大众之间，距离不小，这行当不大容易为大众了解和理解。虽然这距离在缩小，但沟通还大有潜力，有了阿三的漫画，就又多了一种沟通的方式，也许还是个不错的方式，觉得应当有相当多的人愿意由这些漫画认知考古。阿三说："考古专业涉及文、理、工、医，就像是法医和侦探的结合体，即便仅仅挖掘出散落在泥土里的碎片、古人吃剩的骨头，无论它们多么小、多么不起眼，根据这些知识，我们也能推断出它们在历史中的价值。"考古正是如此，在考古人眼里，这些都是有研究价值的，它们包含的许多故事，都等待着考古人解释。

考古是什么，怎样去考古，考古能研究什么问题，考古在研究什么前沿课题，考古又会遇到什么困难和问题，在阿三漫画中都有她的理解和解答。这部漫画在细节上颇见功夫，表现了学生考古实习的苦乐，再现了考古中的日常感受，生动而自然。其中有群体的故事，也有个人经历，有生活，有感悟。我甚至觉得这本漫画就是田野考古实习手册，等同于图解考古操作规程，可以作为考古学的入门参考。

读阿三这部考古漫画集，感觉还有一种特别的气场，健康，开朗，积极，执着，这些词都可以用来形容这个气场。这就是一种精神，正如鲁迅《漫谈漫画》所说："漫画的第一件紧要事是诚实，要确切的显示了事件或人物的姿态，也就是精神。"

好的漫画，如锤如锣，震撼人心。不过一般人的理解，漫画是个现代词，是个现代画种。殊不知漫画古已有之，虽然那些画并无"漫"之名，却有漫画之实。我做考古研究，也在这里做一个简单的漫画考古。

我们知道漫画在日本非常流行，有人觉得中国漫画源于日本。日本曾将漫画称为"戏画""狂画""大津绘""鸟羽绘"，后来又称为"诙谐画""滑稽画""讽刺画"等。1902年日本现代漫画家北译乐天在《时事新报》上主编《时事漫画》专栏，统一了漫画称谓。日本漫画家称漫画一名，来自宋人洪迈《容斋随笔》记述的一种漫画鸟，其实这种鸟更早见于北宋人晁说之的《嵩山文集》，其中有一首诗题为《漫画》，有"漫画复漫画"一语。

漫画复漫画，鸟儿的嘴在水里画来画去，鱼就画到了嘴里。这应当是一种涉禽，漫画鸟可能是俗名，学名有待考论。这漫画鸟居然成就了一个画种的名称，贡献不小。在古代漫画一词出现不晚，漫画出现更早，只是没有漫画之名而已。一些青铜、漆器、陶瓷纹饰，有的动物与人物都体现有漫画风格。时代更早的彩陶甚至岩画上的动物与人物，都流露出十足的漫画风，有变形夸张，有明确寓意，那就是漫画。

考古对古代漫画的解读，独有与生俱来的便利。考古人对发扬古代漫画的技巧与精神，也算是近水楼台了。阿三树立了标杆，希望有更多的年轻考古学者加入这个行列，用考古漫画搭建与公众沟通的桥梁，让这桥梁畅通无阻。

叩访古代中国的一位勤谨谦和的学者
——三秦出版社《中国史前考古学研究——祝贺石兴邦先生考古半世纪暨八秩华诞文集》序

在我们的前面,行走着一位老人,他半个多世纪留下的足迹,穿透了千万年的时光,给我们捎来了许多尘封的故事。他是一位不知疲倦的学者,八秩之年仍在辛勤耕耘着收获着,他是叩访古代中国的一位勤谨谦和的学者。他就是著名考古学家石兴邦先生。

一

石兴邦先生在中国考古界的知名,是在他当初主持西安半坡遗址发掘的时候,虽然那时他只不过是一位30岁刚出头的年轻人。他的真知来自田野,他的主要成就也来自田野,他主持过许多重要的考古发掘。奠定他在中国史前考古学界中崇高地位的考古活动,除了半坡遗址的发掘外，主要还有山西沁水下川遗址和陕西临潼白家村遗址的发掘。这是一个由仰韶文化追索前仰韶文化再进而追索前新石器文化的心路历程，这一个三部曲前后断续奏响了30个年头，这耗费了石兴邦先生大量的精力，他在黄土高原的努力获得了极大成功。

我们都知道仰韶文化的研究，自安特生发现仰韶村的时候起，学术界的争论就没有停止过，学者们为灿烂的中国彩陶文化的发现欢欣鼓舞，同时也对它的年代与来源感到困惑。中国学者通过后岗三叠层的发现重新审定了仰韶文化的年代，又通过改定齐家期的年代否定了仰韶文化西来说。但再往后研究应当如何深入，学术界的迷茫很快就显现出来了。正是半坡遗址和稍迟进行的庙底沟遗址的发掘，打破了这个僵局，中国史前考古界立时便活跃起来。

半坡遗址的发掘开始于1954年，至1957年结束，1963年出版田野发掘报告（《西安半坡》，文物出版社，1963年）。半坡遗址面积约5万平方米，发掘面积1万平方米。半坡的发掘面积在中国考古史上是空前的，参与人员也很多，发掘第一次在中国揭露了一处六七千年前的仰韶文化村落。这是一个具有完整布局的村落遗址，揭露房址46座、墓葬247座、陶窑6座，出土了包括陶器、石器和骨器在内的大量文化遗物，还有丰富的农作物和包括家畜在内的动物遗存。在这个村落中，房屋、窖穴、畜栏、幼儿瓮棺葬都集中在中心地区。居住区被一条小壕沟分成两片，每片的中心是一所大房子，周围是一批小房子。居住区的外围有一条大壕沟，起着防御作用。壕沟外，村落的北面是有着一定规划的公共墓地，安葬着成年死者，东面是烧造陶器的作坊区。

半坡遗址的发掘，使得学者们真正有可能重新全面细致认识了仰韶文化的内涵。发现的房址有圆形、方形和长方形三种类型，以圆形占多数。这种圆形房子的墙壁是用密集插排小木柱编篱再涂泥做成的，有的还用火烤得十分坚固。房子中心有灶坑，有的灶坑后部嵌有火种罐。生产工具有石斧、石铲、石耜、石碾、石磨盘、石磨棒，石斧数量多。陶器以粗质和细泥的红色、红褐色陶为主，最常见的是粗砂陶罐、小口尖底瓶和钵等，器表多饰有绳纹、线纹、锥刺纹、指甲纹、弦纹等。有一定数量的彩陶，纹饰有人面、鱼、鹿、植物等象生性花纹和三角形圆点组成的几何图案花纹。在圜底钵口沿的宽带纹上，发现有许多烧成后刻上去的符号。遗址多处发现粟的遗存，在一个小陶罐里发现已炭化的芥菜或白菜一类的种子。遗址上发现成片公共墓地，墓葬多为单人仰身直肢葬，少数为二次葬、屈肢葬和俯身葬，成人墓中出现了割体葬的现象，儿童用瓮棺埋葬。

这是中国新石器考古第一次发现这么丰富的资料，也是第一次比较全面地揭露一处考古遗址。半坡遗址的发掘展示了原始氏族公社时期的经济与精神生活面貌，石兴邦先生由半坡作为切入点，在《西安半坡》中就仰韶文化的类型、年代和渊源进行了深入探讨，同时讨论了氏族公社制度、原始宗教信仰、粟作农业起源、彩陶发展演变诸多重要课题。半坡的发掘使仰韶文化的类型研究成为可能，确立了半坡类型，主要内涵属仰韶文化早期，这是区分不同时空范围的仰韶文化的开始。其实早在《西安半坡》刊布之前的1959年，石兴邦就提出了仰韶文化的类型划分意见，使得仰韶文化的研究进入一个新的层次。石先生在《黄河流域原始社会考古研究的若干问题》(《考古》1959年10期)一文中将仰韶文化按地区与时代不同反映出来的差异划分为两个类型，半坡类型和庙底沟类型因之确立。现在很多学者都将半坡作为一个独立的考古学文化命名了，确实它与安特生最初发现的仰韶是不相同的，正因为如此，划分类型就是势在必行的了。这个研究方法一经公布，有力推进了仰韶文化研究，不过一二十年的时间，与仰韶文化相关的类型命名多达几十个。研究者通过这个途径认识了仰韶文化在不同区域间的异同，区分出典型仰韶文化和受仰韶强烈影响的文化类型。这个方法还影响到后来包括龙山文化在内的其他许多新石器文化的研究，如果没有地区类型划分，中国新石器文化的研究就不会有今天这样完整的体系和清晰的脉络。

半坡遗址的发掘意义深远，它是新中国考古学发展史上的一个里程碑。它的意义还不仅仅是深化了仰韶文化本体的研究，它为中国新石器考古研究建立了一个重要的模式，也是中国全景式聚落考古的一个开端。这个模式经历了足足半个世纪的检验，当我们已经拥有了数十部史前考古报告时，才发觉我们依然没有违越这样的模式。

半坡的发掘过去了半个世纪，关于半坡的研究仍然在继续，半坡是出现在学者们论著中频率最高的新石器考古遗址名称。半坡同时也因为半坡遗址博物馆的建立而深入公众的知识结构中，许多国人是通过半坡开始认识史前中国的。半坡遗址的发掘标志中国史前考古一个新阶段的开始，它生发出许多课题，也成就了许多学者，石兴邦先生便是从半坡走出来的新中国第一代杰出的年轻学者。

当半坡遗址的研究告一段落以后，1961年石先生回到自己的家乡陕西工作了15年。在这期间他个人无法专注史前考古研究，再加上大部分时光都是在"文革"中度过的，他的思考多于在田野上的行走。由夏鼐先生安排，1976年石先生重回国家考古所工作，于是他又开始了前陶时期史前文化的探索，山西沁水下川遗址的发掘因此提上了他的工作日程。

山西省是中国北方发现旧石器时代遗存最丰富的地区，发现了从旧石器时代早期、中期到晚期的众多文化遗存，其中包括西侯度、匼河、丁村、许家窑、峙峪等著名遗址和文化。1970年又在沁水下川发现一批燧石器材料，山西省文物工作委员会稍后进行了发掘并作了更大范围的调查。1976～1978年，在石兴邦先生的主持下，中国社会科学院考古研究所与山西省合作在下川又进行了大规模的考古发掘，取得了丰硕成果。下川发现的细石器文化遗物分布在若干地点，较重要的地点有富益河圪梁、牛路圪梁、小白桦圪梁、棠梨树圪梁、水井背等。遗址出土大量石器，包括细小石器和粗大石器两类，以细石器为主要特征，原料多为燧石。细石器类型多达数十种，有锥状、半锥状、柱状、楔状等各式典型细石核，也有许多细石叶和各类刮削器、尖状器、雕刻器、琢背小刀、镞、钻等。粗大石器的原料主要为砂岩和石英岩，器类有尖状器、砍斫器、石锤、砺石和磨盘等。下川文化细小石器除以间接打击方法产生的石叶加工而成外，更多见到的是直接加工的产品，一般制作都比较精细。它的发现对研究细石器工艺传统的起源与发展具有重要意义，研究者认为它上承峙峪文化小石器工艺传统，下开早期新石器文化高度发达的细石器工艺的先河。根据碳十四测定，下川文化年代在距今3.6万年～1.3万年之间，属旧石器时代晚期。

下川的发掘经过了3年时间，对于它的整理与认识经历了近30年的时光，发掘报告经过石先生的反复推敲已经编撰完成。石先生为下川付出的时间与心力，已经远在半坡之上了。为了完善下川的成果，他还于1996年以73岁的高龄与年轻人重登中条山，采集与下川文化相关花粉标本作环境考古学研究。石先生在陆续发表的一些论文中，对下川文化的有关问题进行了深入研究。在《下川文化研究》（《庆祝苏秉琦考古五十五年论文集》，文物出版社，1989年）中，石先生认为下川文化不仅是衡量中国其他类似文化的时代、性质和分期的标准，它的文化类型品也见于北亚、东北亚和北美地区，所以它在世界上同类文化的研究中也占有重要地位。下川文化石器是典型的细石器文化类型品，细石器工艺成熟发达，对探讨细石器工艺传统的起源和发展，探讨新旧石器的过渡，具有特别重要的学术意义。下川文化是旧石器时代受狩猎—采集经济制约的一种特殊的文化类型，它的发现让我们确认在原始农业文化出现之前,中国一定存在而且是普遍存在过狩猎—高级采集文化群落。下川文化的成长与发展,启迪了中国北方农业文化的产生,它的传统依然还保留在后续的畜牧部落和农业部落文化中。

下川的发现非常重要,下川文化是中国年代最早、材料最丰富最系统、特征最明确的细石器文化,它在山西甚至整个中国以至远东地区,是具有承上启下特殊地位的重要文化。它也是中国北方最后的前农业文化,它对探索中国干旱地区原始农耕文化起源的契机具有十分重要的作用。

下川发掘结束后,经过短暂的初步整理,石兴邦先生便率领原班人马很快又挥师陕西,1981年开始在关中渭河流域调查前仰韶文化遗址。这次重回关中,有两个迫切的任务,一是寻找前仰韶文化,二是接续在下川的努力,探索黄土高原农业的起源。当时中原地区确立了磁山和裴李岗两个重要的前仰韶文化,学者们自然想到关中地区也应当存在相关遗存,虽然有过一些零星的线索,但由于当时还没有发掘过一个典型遗址,前仰韶(前半坡)文化的面貌并不十分清晰。回关中开展工作是夏鼐先生与石先生的共同决策，当时调查的前仰韶遗址有渭南白庙和北刘、临潼白家村、宝鸡北首岭、华县老官台和元君庙等，结果石先生毫不迟疑地选定临潼白家村遗址进行发掘，一个重要的前仰韶文化遗址随之被揭示出来。

白家村遗址最早发现于1956年，当时并没有明确它的文化内涵，所以没有引起更多的注意。遗址就在渭河边上，文化遗物丰富，内涵单纯，保存也很好。遗址面积12万平方米，1982～1984年经过三年的发掘，发掘面积约1500平方米，揭露房址2座、墓葬36座，出土大量陶器和石器等文化遗物。1994年出版了发掘报告《临潼白家村》（巴蜀书社，1994年），这是当时中国史前考古中唯一的一本早期新石器遗址发掘报告。

石先生在报告的结论中认为，白家村遗址内涵丰富，特征突出，既不同于仰韶文化，也不同于磁山和裴李岗文化，它是广泛分布于渭河流域及附近地区的一支前仰韶文化，建议将它命名为白家村文化，它的年代为距今8000～7000年。白家村文化已有初步发展的原始农业经济，在发展种植农业的同时成功驯养了家畜狗、猪、黄牛和鸡。当时的陶器制作也达到相当的水平，器型很规范，火候也比较高，而且发明了彩陶技术。

白家村遗址的发掘和研究，使得学者们对渭河流域前仰韶文化性质和特点的认识更加具体准确，白家村文化在一定程度上展现了前仰韶文化向仰韶文化发展的轨迹，同时它也以鲜明的特征区别于仰韶文化。石兴邦先生怀着对彩陶的一种特别的感情关注白家村文化的发现，白家村遗址提供了解决中国彩陶起源问题重要线索，遗址中大量的彩陶资料让他兴奋不已。这是中国最早出现的彩陶，虽然它的图案那么简约，它的风格非常朴实，但它代表了东方彩陶萌发阶段的面貌和特征。它是以简单的符号、点线和条带联组而成的组合纹为特征，色调为单一的红色，与仰韶文化以黑色为主调的图案化与写实性花纹形成鲜明对照。白家村文化为最终确定中国彩陶文化的源头，也为完整认识中国彩陶文化的发展演变序列提供了科学资料，为中国彩陶本土起源说提供了最坚实的论据。

以白家村遗址的发掘为依据，石先生对前仰韶文化进行了深入研究。他在《前仰韶文化的发现及其意义》（《中国考古学研究——夏鼐先生考古五十年纪念论文集》，科学出版社，1986年）一文中，将当时所知的前仰韶文化划分为东西两大文化传统，它们的源流关系并不相同。指出这一点是非常重要的，因为当时学术界一般只是在笼统探寻仰韶文化的源头，没有作细致分析研究，结果是使探源研究陷入众说纷纭的境地。石先生还特别提到由前仰韶文化研究粟作农业起源的重要性，他用山林文化、山麓文化和河谷文化三个时期的划分来说明原始农业起源与发展的过程。下川文化是山林文化时期，属食物采集时期，以狩猎采集经济为主；前仰韶文化属河谷文化，是食物生产时期，有初具规模的原始农业。在这两者之间，应有一个山麓文化时期，也就是说在高程900米以下的山前坡地应当存在最早的农业耕作遗迹。石先生认为只要下功夫寻找，这样的遗迹是一定能够找到的。

半坡、下川和白家村，这三个互为区别又相关联的典型遗址的发掘，解决了许多学术课题。概括起来说，这三次发现的科学意义与后续研究的成果主要在于这样几点：探索了中国粟作农业起源的生态因素与契机，创造通过全景式聚落考古方法研究中国原始氏族制社会纪录，第一次用"类型"区分仰韶文化的时空特点研究仰韶文化的发展过程，将半坡仰韶文化的起源锁定在渭河横贯的关中地区，确认中国彩陶文化本土起源具有独立发展的内在规律。

从半坡到下川再到白家村的发掘，在中国史前考古中都是非常有影响的大手笔。这样一个漫长迂回的追溯历程，体现了石兴邦先生在探索中华文明之源过程中激发的深邃思想，也展示了他热爱中国考古事业的勤谨求索的学者胸怀。

二

作为一个卓有建树的考古学家，优良的素养与始终如一的勤奋是两个非常重要的条件，同时拥有这两方面的品质是很不容易的，石兴邦先生正是这样两方面都很突出的一个学者。

石先生在学生时代刻苦勤奋，成绩非常优异，1944

年他以全陕西高中会考第一名的成绩免试进入大学学习。就读的学校和主修专业都是先生自选的，他很顺利地进入中央大学（南京大学前身）边政系，系统学习民族学和文化人类学知识，深受凌纯声和韩儒林先生器重，这为他日后进入考古学研究领域打下了坚实的基础。

到了1949年，石兴邦先生报考浙江大学人类学专业研究生，导师是吴定良先生。他在人类学研究所学了一段时间的体质人类学后，又改从夏鼐先生学习考古学，成为夏先生的入室弟子。那时担任研究生课程教学的还有沙孟海先生，他讲授的是金石学。先生在浙江大学接受了考古学的全面训练，学术素养得到全面培养，在名师们的指导下开始了自己的考古研究生涯。

石兴邦先生1950年进入刚建立的中国科学院考古研究所工作，因为参加了河南辉县商代墓葬的发掘，起先研究的兴趣是在青铜时代考古，本来那时的方向是要通过考古研究中国的奴隶社会的，很快因为主持半坡遗址的发掘而将研究重点转向中国史前考古，很自然地将重心放到了研究中国氏族社会的历史上。就从那时开始，经过了整整半个世纪的苦苦求索，石兴邦先生走出了一条自己的路，他在中国史前考古学研究中成就了自己的辉煌，为推动学术发展进步贡献了自己的青春，为所钟爱的事业奋进了半个多世纪。

石兴邦先生一贯强调马克思主义理论和方法论对史前考古研究的指导作用。他在《马克思主义与史前史的研究——纪念马克思逝世一百周年》(《史前研究》1983年2期)一文中，扼要叙述了马克思和恩格斯关于人类原始社会建立的过程。马克思主义关于原始公社发展的规律，关于国家起源的学说，关于人类起源的理论，还有辩证唯物论和历史唯物论，石先生认为都是史前考古研究所应遵从的重要原理。在《中国原始社会史的研究及其史料学与方法论》(《史前研究》1986年1—2期)一文中，石先生则侧重论及史前考古的方法论与研究方向问题。中国原始社会史研究的史料有三个来源，即史前考古学资料、历史文献和民族志，所以要采用"三结合"的综合研究方法，要进行多层次、多角度、多学科的研究。在20世纪末，石兴邦先生为总结新中国五十年史前考古研究成果，撰成

《中国氏族社会考古研究的理论实践与方法问题》(《远望集》,陕西人民美术出版社,1998年)一文。他就中国史前考古研究的一系列理论和方法问题进行了深入讨论,从中我们可以看到先生在理论修养方面的深厚功力。

石兴邦先生对中国史前考古学研究有不少重要贡献,他通过聚落考古方法研究中国氏族社会,全面阐释了仰韶时期的氏族制;他探讨了北方旱作农业起源的过程,最早寻找到史前粟作证据;他仔细研究了仰韶彩陶起源与发展的过程,早年的许多精辟论述至今还为国内外学人所折服。更重要的发明是,石先生首创中国新石器文化区系学说,中国考古学界因之掀起了区系研究热潮。

在20世纪五六十年代之际,中国史前考古学研究的重点是仰韶文化和龙山文化,学者们多倾力于文化序列纵向的探索。随着田野考古资料的增加,一些课题已大大超出仰韶和龙山两大文化之外,如何理解日益丰富的新资料,很自然地成为学术界思考的一个焦点。石兴邦先生首开风气之先,最先提出了这样的研究课题,将中国新石器文化进行大系统的分区研究,这是他积30余年田野奔波反复研究的一个重要成果。这高屋建瓴的学说得来并不容易，石先生的工作关系在北京和陕西间曾数度变动，这使他有可能经常变换角度进行观察思考，在宏观与微观之间获取新知。他曾数次从南到北，又从北到南，由黄河到长江，又由长江到黄河，甚至远行西藏高原，经过系统考察，纵横比较，全面分析，终于形成了自己全新的认识。70年代之末，在通过对长江流域的史前文化进行数次系统考察，石先生开始构建中国新石器文化体系的轮廓。1980年他带领研究生往华东地区考察，在杭州、南京和合肥以《关于中国新石器文化的体系问题》(《南京博物院辑刊》1980年2期)为题作了专场学术报告，他从生态文化学的角度，将中国新石器文化分为三个大板块，每一板块又分成若干文化传统。在此后的十多年里，石先生就这一课题进行了反复研究，撰写了多篇论文，这是他注入心力最多的研究之一。

在论文《中国新石器时代文化体系及其有关问题》(《亚洲文明》第一集，1992年)中，石兴邦先生对这一课题的研究作了全面总结。他认为中国新石器时代文化体系形成于7000多年前。这个体系分作三个系统：一个是以稻作农业为主的青莲岗文化及南方文化系统诸部族；二是黄土高原的垦殖者、以粟作农业为主的半坡仰韶文化系统诸部族；另一个是以狩猎畜牧或游牧为主的北方细石器文化系统诸部族。这三个系统经过一千多年的发展融合，最后形成了以中原地区为中心的庙底沟氏族部落文化，它是华夏族最早的原始文化核体，在与周围诸部落文化长期接触的过程中，不断地发展成长，经过了三个发展阶段，上承半坡、大汶口和青莲岗文化之余绪，下启龙山文化氏族公社之基，最后发展到夏、商、周三代青铜文明。

对于中国新石器文化区系研究的意义，石先生在前引《中国氏族社会考古研究的理论实践与方法问题》一文中有进一步阐述。他认为文化区域性特点是一个历史范畴，文化常常会因地域不同而形成各具特色的历史、社会和技术特点。"区系类型的界区，是由地理环境的同质性和内聚性决定的，并以同样标准而与相邻各区域相区别。文化类型之地区性确定，首先应该考虑到的是山脉、河流、气候以及民族及文化传统等。然后，按照区域理论，归纳于一定地区范围内文化类型品的共同性、相似性、系统性，勘定研究范畴。"文化发展的区域性特点，会反映出彼此之间的不平衡性，文化产生的起点不同，发展的速度不同，便形成了文化之间的复杂性与变异性。"这种不平衡便形成了地区文化类型间的差异，造成势能，在相邻地区便发生了人的迁移，技术传播，文化类型品的交换与引进，形成了文化间的交流与扩散，促进文化区间的拓展与开发。"要在深入了解地域文化起源和发展的基础上，开展毗邻文化的比较研究，构筑区域文化框架。只有认识不同地域间文化发展的差异性和特殊性，才能通过由个别到一般的途径，深化对整个文化共同体发展历史的认识。通过整个体系的整合研究，便能建立中国新石器文化发展体系，恢复氏族社会发展的历史全貌。

对中国新石器文化体系的研究，一时间激起中国史前考古界极大的热情。1981年苏秉琦先生发表《关于考古学文化区系类型问题》（《文物》1981年5期），将中国新石器文化分为六大区系。后来学术界对此有了越来越深入的讨论，佟柱臣、严文明及张光直等先生随后都发表了相似的认识，区系划分虽然并不完全相同，但由不同生态出发所进行的研究结果却有惊人的相似，众多学者的努力可谓殊途同归。直到现在，石先生仍然继续着这个课题的研究，即将完成的《中国新石器文化体系研究》是集聚他毕生精力铸成的巨著。

石兴邦先生除了宏观的理论和方法论研究，也进行了一些具体的个案研究，他在中国彩陶研究上的成就，便是中国考古学个案研究的典范。石先生研究彩陶，不是打笔墨官司，而是亲自动手在田野寻找证据，他的论据充足，他的结论也非常牢实。

中国的新石器时代，是由彩陶开始被认识的，也因为彩陶的研究而引发出中国文化起源的论争。不过学者们讨论的彩陶通常是以甘青地区的发现为主的，那里的彩陶其实大多属于马家窑文化，所以许多论著没有太多涉及仰韶文化的本体。真正对仰韶彩陶进行研究还是在半坡和庙底沟遗址发现以后，大量具有准确层位关系的彩陶资料吸引了众多研究者的目光。石兴邦先生对仰韶彩陶的研究开始于半坡遗址的发掘，在《西安半坡》中他以相当大的篇幅探讨了半坡鱼纹图案的演化规律，勾勒出写实鱼纹向黑白相间的几何纹演变的轨迹。石先生为这个研究编配的几幅半坡彩陶纹饰变化图谱，已成为经典成果被广为引用。对于庙底沟遗址彩陶，石先生也十分关注，他在论文《有关马家窑文化的一些问题》(《考古》1962年6期)中不仅研究了马家窑文化的彩陶，也研究了庙底沟鸟纹图案的演变过程，认为写实的鸟纹向几何纹演变的轨迹也非常清楚，他为此编配的鸟纹演变图谱也同样成为经典。石先生对半坡和庙底沟彩陶研究得出的结论是："半坡彩陶的几何形花纹是由鱼纹变化而来的，庙底沟彩陶的几何形花纹则是由鸟纹演变而来的，所以前者是单纯的直线，后者是起伏的曲线。"后来经过进一步研究，他还认为庙底沟部分几何形纹饰与半坡的鱼纹之间有演变轨迹可循。

以仰韶文化彩陶的研究为基础，石先生全面考察了中国各地发现的彩陶资料，撰成《仰韶文化的彩陶纹饰辩证的发展过程及其渊源的考察》(《考古学研究》，三秦出版社，1993年)一文，旨在解决中国彩陶文化起源和发展的规律，是彩陶研究的力作。石先生将中国史前彩陶的发展划分为4个阶段,第一为萌发阶段(前仰韶文化时期),第二为初步发展阶段(半坡时期),第三为繁荣阶段(庙底沟时期),第四为衰落阶段(秦王寨时期)。由此认定中国彩陶有一脉相承的完整发展体系,前后大约经历了4000年的发展历史。

三

石兴邦先生的学术经历非常丰富,他不仅在中国史前考古研究中取得卓著成就,在中国历史时代的考古研究中也发挥了重要作用。他不仅自己在学术研究中屡有创获,他还是一位中国考古科学研究优秀的组织者,为中国考古事业的发展贡献了自己的力量。

石先生广阔的学术视野,来源于他丰富的学术经历。他在田野上的足迹遍及长江、黄河流域,远及西藏高原。他关注史前考古动向,在历史考古中也倾注了相当大的心力。石先生的学术生涯开始于杭州玉泉山晋墓的发掘,那是1949年在浙江大学师从夏鼐先生学习考古学研究生课程的时候,是第一次田野考古实习。1950年石先生随夏鼐先生北上，受聘进入新组建的中国科学院考古研究所，担任学术秘书工作。进京后参加的第一次田野工作，是河南辉县琉璃阁商代墓葬的发掘。1951年石先生还带队发掘北京颐和园明万历嫔妃董四墓，同年又参加了长沙子弹库楚墓和两汉墓葬发掘。1952年石先生任河南禹县白沙水库考古队队长，发掘了一批重要的宋代墓葬。自1953年开始，石先生带领陕西考古发掘团往西安地区开展考古调查和发掘，正是在那次调查中发现了半坡遗址，由此揭开了仰韶文化研究的崭新篇章。1954年开始主持半坡遗址发掘，正是因为半坡确定了先生科学研究的主攻方向为中国史前考古，但这并没有使他放弃对历史考古的兴趣。特别是在担任领导工作后，他的视野并没有仅仅局限在史前考古范围内，他怀着对中国考古学的一种责任感将大量精力投入繁重的科研组织工作中。

1957～1960年石先生还曾担任长江流域考古队直属队的队长，参加三峡地区的考古调查，辅导长江流域各省的考古工作。那是为了配合拟议中的三峡工程建设，石先生也因此有了直接广泛了解长江流域考古发现的机会。

1961年因工作需要，石兴邦先生调回陕西，回到他熟识的故土，任省考古研究所副所长，负担起科研组织工作。在陕西工作15年的时间里，虽然经历了"文革"的劫难，仍是无怨无悔，仍是执着不移，在实际开展工作并不长的时间里，先生组织了咸阳原九陵调查，还主持发掘了杨家湾汉墓。1973年石先生参与了长沙马王堆三号汉墓后期的发掘工作，同年长江水利委员会举办了规模相当大的考古训练班，石先生应邀为学员讲授专业课程，并辅导学员的田野实习，这使他又一次有机会了解整个长江流域的考古信息。训练班结束后，石先生带领陕西参加培训的学员对长江中下游考古作了全面考察，他自己则重点考察了史前考古方面的成果，正是在那时，中国史前三大文化区系的认识已在胸中酝酿。

1976年石兴邦先生由陕西重回国家考古研究所工作，在不到10年的时间里连续进行山西下川和陕西白家村遗址的发掘与研究。到了1984年，石先生再次回到陕西，任省考古研究所所长和陕西省社会科学院副院长等职，为三秦考古殚精竭虑。这时他已经是年过花甲，但他的精力仍是那么充沛，不过这次回到故土却与20多年前的那一次不同了，这次他真正有了实现理想施展才学的机会。对于石兴邦先生来说，他是一位杰出的史前考古学家，但是走上领导岗位后，他却不能倾全力拓展自己的学术领域，他将更多的精力投到了科研组织工作之中。

石兴邦先生这一次回到陕西，到现在已近20年。在这期间，因为石先生与同仁的辛勤努力，陕西的文物考古工作一步一个台阶，取得了一个接一个的骄人成果。石先生有一些开创性的举措，大大推动了作为文物考古大省陕西的工作。如建立铜川耀州窑工作站，开展耀瓷发掘研究和协助耀窑博物馆的建立；建立陕北绥德工作站，负责陕北的考古工作；建立汉阴工作站，负责陕南考古工作；成立考古钻探公司，负责全省的考古勘探工作；成立唐帝王陵研究室，负责唐陵调查与研究；成立秦陵考古队，负责秦俑1号坑的发掘研究和秦陵的勘探研究；主持发掘扶风法门寺地宫，出土大量唐代珍宝。这是一个相当健全的工作体系，既考虑了纵向的点，又兼顾了横向的面。夏鼐先生曾说西安是中国考古之都，石先生年轻时便在那里经受锻炼，年老时一直坐镇这个考古之都，他成就了考古之都的考古大业，考古之都也成就了他的德业。

石兴邦先生对中国考古学的贡献，还体现在田野考古方法的探求和专业人才的培养上。50多年来，他一直致力于提高中国田野考古水平，参与相关教学活动，在人才培养方面花费了很大心力。1952年全国考古培训班开课，石先生参与任教和指导实习。在主持半坡遗址发掘的同时辅导培训班学员的实习，为各地培养大批专业人才贡献了力量，从半坡走出来的学员后来大多成了各地的专业骨干，许多人都成了当地卓有才能的科研组织者。1956年西北大学开办考古专业，先生全力支持，承担了讲授中国新石器考古课程的任务。1973年长江水利委员会举办考古训练班，培训14个省区干部180多人，石先生在湖北红花套遗址任田野发掘总辅导，为提高中国考古田野水平作出了贡献。他在中国社会科学院研究生院招收硕士，与西北大学合作建立硕士培养点，为中国考古培养了一批批后备军，他们中的很多人现在都成了科研一线的中坚力量。

早在进行半坡遗址的发掘时,石兴邦先生就根据发掘实践撰写了一些相关论文发表,如《田野考古方法——调查、发掘与整理》(《考古通讯》1956年3期)和《略谈新石器时代晚期居住遗址的发掘》(《考古通讯》1956年5期)等,对新中国成立初期的田野考古发挥了一定的指导作用。后来石先生主撰了《考古工作手册》(文物出版社,1982年)中的田野工作方法一章,还发表了《简谈田野考古工作的理论与实践》(《考古与文物》1981年3期)等文,总结了在田野上获得的许多心得。他认为,田野考古是获得科学可靠的考古资料的必由之路,他特别强调田野工作也是一个研究过程,在田野工作中要贯穿研究精神,"不善于对古迹的研究解释,便不能很好地进行调查发掘工作。不善于进行田野工作,便不能中肯地解释现象,也就拿不出合格的研究成果来"。田野考古是揭示人类历史层积的过程,在这个过程中必须有正确的理论指导,才能使所获得的资料有准确的时空维度。要注意资料的系统性和完整性,要通过物质遗存了解精神层面,既要见物,也要见人。石先生特别提到提高田野工作质量的必要措施，提倡有实践经验又有理论修养的人员应当坚持到田野一线，要通过举办一些典型示范性质的工地，把培养人才和解决学术课题两个方面更紧密地结合起来。还要及时总结田野工作经验，要召开专门的田野工作总结会议，将适用的经验全面推广。我们知道，石先生的有关想法已经实现，这在客观上大大提高了中国田野考古的整体水平。

在拓展科学研究领域的过程中，石先生也非常注意吸收外部经验，与有关方面建立了良好的合作与交流关系。90年代与德国科技部合作，建立陕西文物修复保护室，经十多年努力，建立起设备现代化的实验室取得一批重要的科研成果。90年代与美国俄勒冈大学和华盛顿州立大学人类学系建立学术交流和学者互访关系，与台湾太平洋文化基金会合作召开周秦文化研讨会、黄帝与中国文化学术研讨会和汉唐文化研讨会，促进了两岸学术交流。

石先生半个多世纪以来，始终以饱满的热情从事所热爱的中国考古事业。他头脑清明，精力充沛，在学术界非常活跃。他有许多学术兼职，力争将每一个负责的领域都调理妥当出色。石兴邦先生不仅具有优良的素养和勤奋的品质，而且他还具备特别正直谦和的道德修养，在国内国外的同行中有口皆碑，获得许多师长的赏识、老友新朋的尊敬和学生们的爱戴。人们评价他"为人治学均平正通达"，他个人虽经历了不少磨难，却从没改变一个探索者的初衷，半世纪如一日，"在这样一个显得清贫和寂寥的行列中坚定地走下去"。

我们在这里祝贺先生的八秩诞辰，只是粗略回顾了先生的学术历程，他的成就在这篇仓促的短文中很难面面俱到。作为后学的我们会发扬先生的精神，光大先生的事业，为陕西为中国的文物考古事业奉献光和热。

童心塑达人　学问求放心
——巴蜀书社《清江深居集：近三十年来考古文物的研究与札记》序

人在一生中会遇到许多老师，尤其是在学生时代，老师是我们的领路人。仔细想一想，每位老师都会给自己留下很深的印象，只是有些印象会被岁月或深或浅地掩盖，也有些印象会愈发鲜明。林向先生是我大学时代的老师，他给我留下的印象非常鲜明，他是一位达人，是一位和善的学者。记得林老师为我们开课时说过这样一句话：师傅领进门，修行在个人。不过我们的修行他也是非常关照的，尤其是对我而言，数十年来他这样的关照不曾中断过，所以他留给我的印象丝毫也不曾淡忘，而且还有一种历久弥新的感觉。

林向老师给我、给他周围和接触过他的人，留下的最深印象我以为主要集中在两点，就是他做人的境界和做学问的境界。林老师为人处世中修摄的乐观豁达的心境，学术研究中突显的馈献社会的责任感，这都强烈感染着我们这些学生和他周围的人。

每个人自出生就从父母那里得到了一个世界，不过随着我们的到来，随着我们的努力，也多少改变着这个世界，也在参与营造着这个世界。给世界增加一些怎样的色彩？给他人留下怎样的印象？最好的答案是快乐，自己快乐，与人快乐，让这世界更美好更阳光。林老师就是这样的人，他快乐地教学，快乐地研究学问，快乐地生活。他也让我们从他那儿获得了许多快乐的感觉，快乐从他身上发散到他的周围，快乐又跟随着我们发散到更遥远的地方。

毕业离校分配到北京工作以后，虽然是山水遥远，不过我们师生常有见面的机会，所以林老师在我眼中的样子，并没有明显的改变。一晃居然过去了近40年的光阴，每次师生见面，不论是在会场还是在家中，林老师脸上都是笑意融融，让学生感到的是一种慈爱与包容，快乐无比，亲切无比。有一次林老师在田野考察中意外受伤，正好我去成都，特地到他家中探望，尽管伤势不轻，但在他脸上却并不见痛苦的表情，他乐观面对伤痛的精神给我留下很深印象。

林老师快人快语，乐天乐地，不论他走到哪里，哪里都有快乐跟随。我有时会思考这样的问题：为何林老师那样快乐，难道他就没有忧心的事吗？他一定有过不快乐的际遇，他又是如何保持快乐心情的呢？

最近读到林老师《童心求真集》的后记，在他的话中我找到了答案。他说他对"童心"有一种追求，追求在尘世中保有一片"纯真无邪"，保有一片"心灵的绿洲"。他对这样的"童心"，解释是"追求一种不背包袱的、不加掩饰的对是非的自然表达方式"。正因为如此，他为自己的学术文集取了这样的名字。童心可贵，童心常在更可贵，我相信林老师的快乐一定是来自他不老的童心，是童心塑造了这位达人。

快乐又是什么？怎样才能得到快乐？许多不常有快乐感觉的人，觉得快乐是一种奢侈品。有人说快乐来自满足与幸福，哲学家康德就以为"快乐是我们的需求得到了满足"。如果真是这样,快乐来自需求的满足,那知足就应当是人心理上的一种常态,可这却是极不容易做到的事。

知足者常乐,这本是源于老子的处世哲学。林向老师也是常乐者,但我却不认为他的快乐只是来自知足一途。林老师的快乐更多的是来自他不老的童心,来自对童心的养护。快乐既是一种心理感受,更是智慧、气度与胆魄孕化的光焰。有人说快乐是一种修为,快乐也是一种能力,林老师就是拥有这种能力的达人。快乐还可以共享,快乐不仅是个人修身的法宝,也可以为周围的人营造一个快乐世界,谢谢林老师给我们带来的快乐世界。

要享有快乐,就要保有童心。明人李贽写过《童心说》,他说童心就是真心,"童心者,真心也""童子者,人之初也;童心者,心之初也"。童心就是童子的纯洁心灵,不偏不倚,不伪不诈,真美真善,真友真爱。由童心获得的快乐,又岂止是"知足"两字可以了得的?

童心得快乐,童心能求真。做学问的至高境界是什么?林老师在《童心求真集》后记中说,"治学与人生一样，少加点框框、少背点包袱，才能少点畏惧，一切从零开始，才敢去闯空缺说真话，这终究是一种自由探索的精神"，求真一定是他的学术追求。

做学问要追求的境界，学者们的目标会有很大的不同。许多人是为着自娱自乐，在象牙塔中自我陶醉。也有许多人是为自得自适，为安乐窝为稻粱谋。当然还有不少人是为着奉献与回馈，奉献民众，回馈社会。林老师属于后者，他是奉献者，是回馈者。我觉得唯有做后者，才能做出真学问来。

学问之道，我们会有不同的理解。《论语·公冶长》记孔子赞扬孔文子"敏而好学，不耻下问"，是说要学而问之。《论语·述而》又提倡"学而不厌"，是说学无止境。《中庸》又说"博学之，审问之，慎思之，明辨之，笃行之"，是说学、问、思、辨、行，缺一不可。但这些只能说是方法，至于学问要达到的目标，还不只是这样。

我们再读《孟子·告子上》，记有孟子所说的这样一段话："仁，人心也；义，人路也。舍其路而弗由，放其心而不知求，哀哉！人有鸡犬放，则知求之，有放心而不知求。学问之道无他，求其放心而已矣。"虽然我们都知道孟子用很平和的方式讲述了学问之道，但人们历来的理解却并不一致，并不明白孟子讲的是什么道理。

"学问之道无他，求其放心而已矣。"何谓"放心"？有人解释说，孟子说做学问的道理没有别的，只是找回丧失的良心罢了。又有人说孟子的意思是做学问的道路，没有捷径可走，只有循序渐进地逐步扩大心得就成了。这些理解其实并不准确，孟子的意思是说人的真心所在是仁，人的正道所在是义，舍正道不走，失真心而不知去寻找，是很可悲的事情。常人丢失了鸡呀狗的，都知道急着寻找，可是丢失了真心却不知道寻找。学问之道没有什么特别之处，就是要找回丢失了的真心，这真心也即仁心爱心。又在《孟子·离娄上》中，也读到类似的文字："仁，人之安宅也；义，人之正路也。旷安宅而弗居，舍正路而不由，哀哉！"以仁居心，以义行事，是孟子一以贯之的思想。这样看来，孟子是以人文关怀的深度来观照学问的价值，以私欲与私义为起点的学问，那是很可悲的事情，学问应当服务于人类，服务于社会，要回归到人的真心爱心上来。

我想林老师的学问之道，是符合孟子精神的，也突出体现了人本思想，他所做的学问正是民众所关注的社会所需要的，这才是大学问。林老师在西南做过许多田野考古调查与发掘，也做了许多系列研究，在他的研究中非常系统的成果是古代巴蜀考古，还有地震考古等。林老师的巴蜀考古研究成果，集中体现在他的《巴蜀文化新论》（1995年）、《巴蜀考古论集》（2004年）、《童心求真集》（2010年）和此次编定的《清江深居集：近三十年来考古文物的研究与札记》中，解读三星堆，品味金沙村，可谓洋洋大观。他的许多论点新颖独到，特别显现了川大史学学派传统的一个重要特点，就是将古史、人类学、考古学和地方史志熔于一炉，为巴蜀史的研究作出了重要贡献。沉沦在神话与传说中的巴蜀历史与文化，在考古学介入后日益变得清晰起来，也日益变得真实起来，林老师为此作出了不懈的努力。

林老师的考古学研究还有一个重要特色，就是将学术研究直接服务于社会、造福于大众。在30多年前因唐山大地震引发的全国性地震恐慌潮中，许多学者运用学术利器服务于历史地震研究，地震考古也成了当时的热门课题。林老师积极主持参与了西南区域地震考古调查与研究，发表了《考古学的应用研究》《邛海地陷辨》《成都地区历史地震考古调查报告》《凉山地区的地震考古研究》等一系列论著，并参编了《四川历史地震资料汇编》（1983年）等，这些研究活动在学界影响非常强烈，科学价值极高，社会效果极佳。记得当时还有配合长江三峡建设工程设计的水文考古活动，这都是川中一批学者开展的大规模科技考古活动，都是值得大书特书的事情。水文考古与地震考古调查研究，为现代建设服务，为减灾避灾服务，都体现了学者强烈的社会责任感，这正是孟子倡导的学问之道的精髓所在。林老师在学问中求得的，正是有些学人忘却了的童心真心，我还相信这样的学问也是他获得快乐的一个途径，我们都该像林老师一样，在学问中去求得"放心"，去弘扬爱心，去获取快乐。

林老师原籍浙东，上海出生，年少入川，流连忘返。对于大部分川中旧移民来说，他算是一个新移民。这个新移民热爱古今天府，为它辉煌的往事歌唱，为它似锦的前程鼓吹，他的身心早已融入巴山蜀水。他地道的川音，他炽热的情怀，他率真的学术，一次次打动我们，一次次感动我们。

不知道林老师真实年庚的人，谁都不会相信他已年届八旬。他是一位老人，精神饱满的他却不像是一位老人。在我看来，他与我在大学初见时并没有多大变化。他用童心养护着自己，他也用童心为我们装扮了一个富有朝气的世界，真诚地谢谢他，他自己快乐，他的快乐也传递给了我们快乐。

抒发考古学家自己的情怀

——浙江大学出版社《万年行旅:一个考古人的独白》序

每一个行当,从业者都会有一种主流情怀,这也是行业情结,是从业者摆脱不了的情结。现代社会有一个比较特殊的行当,从业者自然也有一种主流情怀,这情怀营造了一个激情满满的学科世界,但是这样的激情,外人是不易觉察的,他们反倒更多感受到的是冷漠古板与神秘莫测。这个行当叫作"考古",从业者就是考古学家。

考古是个小行当,从业者并不多,但近些年却越来越受关注,许多本来像隐士藏着的学者开始进入公共视野。每一个考古学家,经历各个不同,成就高低不同,但是他们留下了那些成就,却往往隐没了个人的经历。考古学家其实有个通病,他们一般不喜欢书写自己,也不善于表达自我,或者不屑于袒露自己。谈论科学发现可以津津乐道,描述自我内心却可以不置一词。

这是一个习惯于自我隐藏的学者群体，特别低调，特别闭蛰，你别轻易梦想叫他们敞开心扉。他们可以将波澜壮阔的历史中的细节展示得清晰无比，但之于自我的情感世界却掩藏得厚厚实实。

身为考古学家，这个学者群体处世很有难度。但这种情形也正在有所改变，他们中有的人开始书写自己，不仅是书写学术——那是过往的历史，也书写自我——这是与历史发生纠结的现世人生与内心思索。

我们读到的考古出版物，部头最大的那些是考古发掘报告，在这样的报告里你要找到作者是谁并不容易，更何况一般的读者他们是读不到这些报告的，报告印数极少，虽少常常也是被束之高阁，极少有人去翻阅。

在考古报告中你很少能发现作品的主角，考古学家迷失了自我。除了对考古发现的教科书式的理解与论证，对于考古学家，不夸张地说，你是读不到他一丝感慨的，你也读不到一半句情话，你甚至连个感叹号也找不到。

当然有了考古普及读物的阐释，虽然多了些报告中没有的感慨与情话，但你读不出作者他们更动情的深层次思考，尤其是在当时那一刻，他一瞬即逝的心理活动，并没有记录下来。

我们的考古学家面对层叠的废墟，世代更迭，他会有莫名的伤感，这种伤感没有记录下来。

我们的考古学家面对森严的陵墓，面对某一代帝王，他对他会有话要说，有疑问求解，这些话没有记录下来。

我们的考古学家面对人骨化石，他也许会想到我身后是怎样的，会去向哪里，千年万年又会是何人何时来研究我，这也没有记录下来。

我们的考古学家面对出土的那些斑驳的刀枪剑戟，耳边一定响起过金戈铁马的战场厮杀，他也许会用某种数学模式计算出某一场或某一世的战争夺去了多少生命，兴许还会为这些逝者代言：是谁挑起了战争，又是谁要逞什么英雄？这一些呼号与哀鸣，自然也都没有记录下来。

我们的考古学家面对破碎的坛坛罐罐，摩挲那些秦砖汉瓦，推想轰然倒塌的宫殿里，是否还有不甘的灵魂在游荡？

我们的考古学家面对肃穆的上古祭坛，历数着那些五光十色的祭品，默念着先人通神的路径，人神之间往来是又怎样在沟通？

我们的考古学家面对那些色彩缤纷的壁画，观看情景再现中那一张张个性张扬的面孔，会不会琢磨一回他之思他之想？

我们的考古学家面对一颗颗炭化谷粒，一截截动物骨骸，体味先人餐桌上食物的味道也许就变幻在自己的舌尖上，还要说到食饮姿势与礼俗的变化……

这一些，这一切，也好像都没有来得及记录下来。

面对这一切，面对这千年万年的历史，我们怎么会无言以对，又怎么会无动于衷？我们时时都在思考，我们有许多的话要说。考古学家，其实你有话要说，你要说出来。

已经有考古学家开始尝试书写自我，一个考古学家书写自己的书，相信很多人没有读到过，我也是一样，这次是第一次，就算是孤陋寡闻吧。我觉得蒋乐平先生的这本书，很有些与众不同，很值得细细一读。

自己写自己，如何写呢，当然不是王婆卖瓜。将自己穿越进入历史中的所见所闻，所思所想记录下来，首先当然要的是科学精神，说的是真情实感，是个人与群体的激情。

我们就来读读蒋乐平，这一个正当年的考古学家，看看他是怎么写自己的。他由自己入行写起，写成长与成熟，写思考与成就。还写了对考古学的理解，还将考古概念与考古学家及他们的成就，自然融入个人经历的事件之中。

蒋乐平也是一位很有建树的考古学家，他辗转浙东浙中南，做了大量艰苦细致的田野考古工作，脚踏实地，收获满满。他有很好的文学与哲学素养，他的思考独辟蹊径，他的文字引人入胜。这一本书稿我仔细读了，字里行间让我感动，相信同行也会感动，期望蒋乐平的文字也能感动更多行外的读者，这本书值得行内行外读一读。

正当年正中天的蒋乐平，他这一本书写的是他前半辈子的田野考古求索。也就是用30年多一点的时光，他跋涉了10000年前的年代，遭遇到远古先民，观赏到远古风景，为当今老少传递了许多实实在在的信息。他说：

> 大学毕业整三年后,我正式开始了走向远古的跋涉:从7000年河姆渡出发,走过8000年的跨湖桥,抵达了10000年的上山。这是时间的逆行,这是思想的方向,这是考古人才能享受的旅程。

他接着还这样写道:

> 考古学家在现世的尘土中跋涉,穿行的却是通向远古之路……

我有同感,我做的也是史前考古研究,有时会感觉到你是与先民们在对话。所以在蒋乐平写出下面的话里,也感觉是包纳了我的体会:

> 在触摸到陶釜、石锛的那一刻,我真切听到了既浑浊又清晰的历史回声,仿佛木架子里面,有古河姆渡人说着我听不清楚的语言。我至今认为,这

是一个考古从业者的专享幻觉。

那么我们再接着读到蒋乐平下面这些文字时,你会感觉到一个考古学家的可敬与可爱:

> 主观性永远主宰着人类的认知,必须享受这个过程。我们在对遗存进行阐释时,会不自觉萌生一种塑造世界的冲动。

> 探方中隐藏着一个消失的世界。在发掘和阐释的过程中,隐藏着开天辟地、指点江山的快感。

> 我深感古人第一次呈示于我,袒露于我,透彻而真实。这种真实是对我主动趋近的呼应,层面上清晰的线条,是我与古人作揖相望的界河,犹如显灵的画符。

> 考古人书写历史的自豪感是自在的和由衷的。

有句话通俗易懂：一部人类历史，百分之九十九是由考古学写就。具体算法可举中国为例，4000年夏王朝可算作文献记载的最早信史，与百万年前的元谋猿人相比，还不是百分之一不到？对于无限追求精神生活的人类而言，时间无疑是生存空间的重要一极。推开历史的窗口向远古凝视，恰如登上礁石眺望无垠大海，那是思想放飞所需要的空间。从追求自由的角度，考古也是一首歌。

蒋乐平的文字里偶尔有景色描写，那是神思的幻境，那是贯通的古今，例如下面这一段：

早晨，太阳从东边的狮子山探出头来，考古队员跟着起床，洗漱完毕，集体到砖瓦厂的职工食堂用过早餐，开始一天的工作。傍晚，站在租住宿舍的阳台上，可直接眺望到远处城山上的越王台。高耸的烟囱向天空吐出淡淡的烟霭，与越王台上的晚霞轻轻碰接，意识深处或可听到古战场千军万马的嘶鸣，但旋即又眩晕于山林背后迸出的万道金光。一天劳累下来的考古队员们，也有机会享受失神的片刻，时间凝结成宁静的瞬间，而历史似乎伸手可及。

这是一种极美妙的感觉，他只属于思想者，或者说他只属于善于思想的考古学家。当然考古学者可不是空想而已，他们有感而动，有感而发。他们动脑，也动手，蒋乐平就是一位勤于动脑又动手的考古思想者。让我们读一大段蒋乐平的话，这些话感动了我，也一定会感动大家：

  谷糠如何生成？我亲自做过这样一个实验：将适量的粳稻稻谷，放在上山遗址出土的石磨盘上，然后用石磨棒进行挤压搓磨，5分钟后，随意抓出一把进行数数统计，结果发现，未达到去壳效果的44粒，脱壳后的完整米粒492粒，碎为半粒的米粒120粒，更碎小的约100粒。谷壳的粉碎程度、保留形态与夹炭陶中观察到的完全一致。

  10000年前，有一个使用石磨盘、石磨棒技术更好的人，以同样的姿势蹲在石磨盘前。面对这白花花的稻米和黄灿灿的谷壳，他在想什么？我猜测，他感受到的是超过我10000倍的激动。

他，还有他的同伴，庄重地把稻壳拢起来，将它拌入即将烧制的陶土中。

直觉告诉我，这不是一种纯工艺的偶然。旧大陆东南部没有夹炭陶的传统，在更早的年代里，发明了陶器的华南洞穴人，烧制的是夹砂陶。夹炭陶并没有技术传统可以追踪。

但这需要传统吗？这是断裂中的新生。这是新时代的开启仪式。或许，古上山人已经意识到，只有将这个上苍的伟大馈赠熔铸在火的结晶中，才能表达他们的感激和祈祷！

这其实是一个科学实验，在考古上称为实验考古。蒋乐平在自己的实验考古中，得到了意外收获，他领悟到进入史前人精神世界的深处。

考古学家穿越时空，逆行进入历史层面，有时会生发出一种代入感，会想象自己成了历史中的一员。蒋乐平在这一点上体会更深刻，他的思想更投入，他说：

> 考古行为的奇特之处，就是将古人做过的事情重新做一遍。但当这个古人是一位改变历史的巨人，那你是否也有可能化身为巨人？
>
> 起码，这些年我能够不辞辛劳、充满激情地跋涉于钱塘江的山山水水间，确是因为内心被一种源自巨人的崇高感所驱动。中国古代的神话传说中有许多"履大人之迹而孕"的记载，我想，能够在人身上播下种子的，还有那苍茫无际的历史感吧！

关于河姆渡的联想，蒋乐平由陶片与朽木想到了星辰宇宙：

> 河姆渡像一个图腾，曾经封禁我们对时间的联想。
>
> 推开河姆渡，恍如打开一扇天窗，我们看到了

更遥远的宇宙。这种穿透、穿越的力量,正是考古之于我的神奇魅力。因此与同行们试图还原古人行为细节的目标不同,我更愿意将考古对象视为一种象征性的存在。

只要黑暗的天空中多发现一颗闪烁的星辰,我们的工作就获得了升华的意义。人类愈孤独、愈渺小,就愈想挣脱,愈想将自我放飞得更高、更远,而考古学的任务,无非是尽量拓展思想的空间。

考古人的襟怀、眼光,是不是特别的不一样?科学如果没有奔放的激情,它就会失去源源不断的动力,这一点与艺术相通。何况考古学家面对的还有大量古代艺术品,你没有激情,你又如何理解先人的激情?

希望我们的老少考古学者,同蒋乐平一样,记下你们勤于思考的大脑的轨迹,写下你那些稍纵即逝的激情,让考古学更加充满活力吧!

楚钟与楚文化
——人民音乐出版社《楚钟研究》序

音乐实物资料是考古出土实物资料当中的重要类别之一,长期以来,由于音乐与考古之间的学科界限,使得这些珍贵的材料未能得到充分的利用和深度的分析研究。音乐考古学的产生与发展,弥补了单纯的考古学研究对音乐实物资料利用的不足,或以往音乐界不善于运用考古材料的缺憾。音乐考古学是一门交叉学科,横跨于音乐学和考古学之间,利用考古出土或传世的音乐类实物史料来探讨和廓清古代先民的音乐生活。这对从事音乐考古研究的学者提出了新的要求,那便是在深谙音乐学研究的同时,还必须了解考古材料的来源以及考古学的相关理论。

从本书的目录不难看出,作者既有胆量运用考古类型学的方法对出土楚钟进行分析,对涉及楚文化内涵的楚钟纹饰进行探讨,对较难的楚钟铭文进行概括与归纳,还利用自己擅长的音乐学知识对楚钟的音乐性能进行了研究，更可贵的是，作者能有意识地将楚钟置于其出土的墓葬空间环境、所处的文化背景、社会环境等之内进行深入的分析与探讨，而不是单纯孤立地就器论器。同时，书中的所有分析，包括形制、纹饰以及铭文等都牢牢把握了音乐的立足点。尤其值得一提的是，作者对所使用材料的科学性表现出了极大的关注，并对音乐实物史料的甄别与使用提出了十分有见地的看法，由此不难看出作者学术研究中的科学理念。这些在许多音乐考古学著述中是不多见的。

作者虽是年轻人，但却比同龄人的经历丰富，这或许是她能够较好地驾驭文章的重要原因。作者曾经是一名编钟演奏员，积累了对古代编钟乃至其他古代乐器都最为直观的感性认识；作者曾在博物馆工作，对于考古工作的基本情况较为了解；作者曾在专业音乐学院系统学习了音乐学研究的方法和理论；作者曾先后在湖北省文物考古研究所和北京大学考古文博学院专门学习了考古学理论基础、夏商周考古等，接受了较为系统的考古学训练；作者曾参与湖北枣阳九连墩音乐文物的发掘、整理，并多次参与音乐文物的整理与研究。

一直以来，楚文化都是考古学、历史学研究的热点问题。楚钟是楚文化的载体之一，楚钟的研究成果能够丰富我们对楚音乐文化乃至楚文化的认识；楚钟又是先秦编钟中最具代表性的一支，对楚钟的研究势必会加强和深化我们对中国先秦编钟文化以及中国音乐文化历史的认识。楚钟研究这一选题恰好满足了这些要求，而全书的总纲和内容也显示出，这是目前对楚钟研究得最全面、最深入的著述。当然，尽管目前所知楚钟资料已相当丰富，但在某些方面的资料还较为欠缺，因此随着考古资料的不断丰富，对于楚钟的研究还会继续下去，希望作者能在今后的学术道路上走得更远。

说　琮

——上海人民出版社《方圆一体：玉琮的
故事五千年》绪言

中国古玉形形色色，各具形态，各有来历，各有象征，亦各有性格。

玉琮，便是这样一种具有特别性格的玉器，也是古代最具特色的玉器之一，它的名称，它的形态，它的用途与它的传承，都体现出一种神秘感，令古今学人为它着迷。

玉琮在古时曾经是重要的礼玉，列为玉中"六器"之一。《周礼·春官·大宗伯》说："以玉作六器，以礼天地四方，以苍璧礼天，以黄琮礼地，以青圭礼东方，以赤璋礼南方，以白琥礼西方，以玄璜礼北方。"以琮祭地，将玉琮定义为一种玉礼器，也是我们通常理解玉琮的一个很重要的门径。

对于《周礼》所述礼制，我们一些学者在研究中并不很相信，或不全信，甚至表示非常疑惑。《周礼》的表述虽然非常明确，可是在考古中却很少发现属于周代的玉琮，疑问由此而生。所以有人会认为周代礼玉之六器，只是一种理想化的表达，并非实际存在。

有疑者，也有信者，疑信参半。非常重要的是，我们在文献的记述里，知道了以璧琮所表示的天圆地方概念，也就知道了古代宇宙观象征性的表述。当然也有人会由此产生更进一步怀疑，觉得远古时代未必就有了所谓的天圆地方的观念，璧琮也未必就有那样的象征意义。

尽管周代玉琮发现数量不多，一般也都不是当时所制作，多为前代甚至是史前之物，玉琮也并没有频繁出现在祭礼上，但更早时代玉琮的存在却是不争的事实，考古发现有大量玉琮，对于玉琮的研究依然可以适度参照《周礼》的叙述。

在中国古代文化中，玉琮和玉璧是一对符号，而玉琮的形状与意象显然更为复杂一些。周代及至秦汉，更重视的还是玉璧，玉璧的象征意义始终保有着，由此演绎出一些重大历史事件。玉璧的传承，由史前到秦汉，似乎没有中断，而它在史前又是与玉琮如影随形，所以由玉璧角度切入玉琮研究，璧琮并论，也是一个可取的路径。

在古代中国玉器文化中，玉琮显得非常特别，从器形到名称，在理解上都使人反复琢磨而难得确解。它的用途，它的纹饰，还有它的制作工艺，也都存有许多难解的谜题。玉琮的研究吸引了许多学者，对于玉琮器形、名称、纹饰、象征与用途的探讨，已经发表了许多见解。

回溯玉琮的发现与研究过程，梳理出一些问题要点，提出一些新的解释，这样的努力还是必要的。玉琮在玉文化研究中已经不是生疏的话题，但并不是说学界对它的了解非常透彻了，其实还有许多问题需要讨论。在不断积累新发现的基础上，我们的认知也会不断更新，对于玉琮的研究也会更趋于完善。

本书对玉琮的研究，虽然是考虑要力求全面展开，但有限的篇幅还是不能如愿。所以在文本中的着力点，集中在纠正以往认知的错讹，提示新的视点，对以往的研究也会略有评述。本书讨论的几个重点，集中在琮的名称含义、形状解构、纹饰解释、用途推测几个方面。

远古时代崇天敬地,须得树立相应的客体或符号,琮璧出现了,方圆概念出现了。方圆就是这样的符号,阴阳就是这样的观念。现在就让我们由琮的研究开始,来一次文化考察之旅,看看古中国人在玉的世界里构建了怎样的精神家园。

君子谦谦,约而束之

——上海古籍出版社《善自约束:古代带钩与带扣》自序

有一样现代人身上少不了的行头,虽然它只是一个小小的物件,它可是4000多年前就有了的发明,就是我们腰间的腰带扣。不可小看了它,虽然不曾上过什么发明纪录榜,它可实实在在是一项重要的发明,是与关键部位相关的关键发明,也是一个用途广泛、沿用时间巨长的发明。

迄今发现的最早的束带用具,是良渚文化的玉带钩。这种玉带钩已经有了比较成熟的造型,而且仅见于高等级的贵族使用,可以推断它已经具有了礼仪性质。一般的人束带当有其他质料的带钩,这些带钩很难留存下来。还有一个可能的推断是,更原始的带钩,出现的年代还会早一些,还没有用玉石作材料。

最早的带钩出现以后,并没有在更大范围普及。在中原地区的历史时代初期，也许还继续着更早年代结绳方式系带的传统。这种打结的方式，系起来容易开解难，所以就有了一种特别的器具——觿，它是用于解结的一个发明，像一个不太尖的锥子，也是要随身携带的一个小物件，有时也用玉料制成。

文明的伴生状态，有秩序，也有战争。当战争成为社会生活的常态，军士的装备也越来越规范，皮革用于盔甲的制作，也开始用于腰带的制作。随之而来的问题是，宽厚的革带不能打结，于是一种勾挂方法出现了，这方法应当是受了良渚人使用带钩传统的启发。金属与非金属的钩应运而生，这样的钩将尾端固定在革带上，使用时钩住钻有孔眼革带的另一端，靠人体的张力束腰。腰带上配钩，这带上之钩就有了一个约定的名字，叫作带钩。

大约自春秋时代开始，带钩的使用已经较为普及，经战国到两汉，带钩成为先人不离身的小当家。没有带钩，行军打仗的兵士不会有自在的行动，一般的民众也不会有自在的行动。有钩有带，约束自我，方得自在之身。

腰带制品，当汉晋之际，出现过一次重大的换代过程。带扣逐渐取代带钩,成为束带用品的主打产品。带扣最先是用于马具束带,用于人身以后,更加艺术化了,无论造型与附加装饰都有了明显改变。不过后来这种艺术化的风气不再盛行,带扣大体沿着实用的路径演变,很快就定型下来,与我们今天使用的带扣没有什么明显区别了。

带钩如果从良渚文化算起,至汉末之时,间断使用了近3000年。如果自春秋初年起算,金属带钩使用了差不多1000年。接着带扣用到今天,则接近有2000年光景。上自帝王,下至平民,在正式场合都不能缺了它,就是这样的小物件,陪着过去的人们自在走过了4000多年!

带钩与带扣,虽然断续有人做过一些研究,因为资料较为零散,更因为这样的物件过于细小,一般不为研究者看重,所以不大注重综合性研究。我自己虽然多年来投入了一些精力作梳理,但研究做得并不系统,不过还是提出了一些问题。如带钩的起源、分类与演变、带扣的演变等,还有带钩与带扣的名称、使用方法等,对这些方面提出了自己的认识。另外对钩与扣的文化史意义,也有所涉及。有人因佩钩而得以继承王位,有人因窃钩而被诛杀,小小的带钩也演绎过风云变幻的历史。

带钩与带扣,造型不同,使用的年代也不同,但功用相同,所以放在一起考察。本书其实是以往研究文字的一个结集,所取的书名《善自约束》取自汉代王逸语。王注《楚辞·离骚》"索胡绳之纚纚"曰:"纫索胡绳,令之泽好,以善自约束,终无懈倦也。"古者束带修身,或谓束修,又言束修自好,也应当是束带引申的意义。又《太平御览》卷三百五十四引《梦书》曰:"梦得钩带,忧约束也。钩带著身,约敕已也。持钩带脱,事决已也。"带钩入梦,约束入梦,这也是生活的写照吧。

束而约之,约而束之,带钩担承过了,带扣担承过且依然还在担承。约束自己,方得自在,小小的带钩带扣,还真不能太小瞧了。

符号、信仰与前文明时代

——巴蜀书社《符号时代：信仰与早期中国》绪言

一

在我们的知识体系中，有一种比较年少的小众学科，叫作"符号学"。符号何以成为一门学问，我们公众不大容易回答圆满，但符号却是与公众相关，它是人人皆知但也许未必透彻的一门学问。现代社会充满各类符号，各类符号系统传导着不同的信息流，让我们的行为与思想都感觉简便迅捷。在信息社会，不能想象如果没有符号的参与，我们又会怎样左右为难。

由数不胜数的各类符号为基础，归纳出一门学问来，名为符号学，这学问的确立也在情理之中。我们知道现代社会离不开各类符号元素，但是符号却并非只属于现代社会。符号也许是与人类与生俱来的，当然时代越早，符号体系会越简单，越直白。符号是人类的创造，是人类的思维产品，也是与人类一直成长的知识体系。这样说来，史前是符号的初生时代，相信也一定有一个专属史前的符号时代。

在我们的知识体系里，一般将文字与文明概念等观，文字出现是文明时代的重要标志。史前与成熟的文字系统无关，却已经出现了纯粹的符号系统，存在一个符号时代。史前创制的符号并不是文字，却具有准文字意义，甚至发挥了比文字更重要的作用。文字有形、音、义，但符号有形、名、义，符号有约定的名称但没有确定的读音。文明时代的文字是语言的记号，而史前时代的符号却没有这个功能，它所具备的是象征意义。

二

有研究认为，在中国，"符号学"是赵元任先生在1926年所写的《符号学大纲》中提出来的（《赵元任语言学论文集》，商务印书馆，2002年）。他指出："符号这东西是很老的了，但拿一切的符号当一种题目来研究它的种种性质跟用法的原则，这事情还没有人做过。"赵元任是符号学研究的独立倡导者。赵元任说与符号学概念相近的英文词，可以为symbolics，symbology，symbolology。不过此前西方没有人用过这些词，可见赵元任的确是独立于欧美学者如索绪尔、皮尔斯、维尔比提出这门学科的。

符号可以很年轻，但确实也有很古老的一类。赵元任没有说错，虽然当初他并不能确知符号究竟有多么古老。符号古老，符号学年轻，我们面对的问题还有很多。

三

那么，符号是什么？符号也许就是代号，说来似乎非常简单，但严格定义却也并不容易。在符号学架构里，我们并没有找到完全一致的表述。一般来说，符号是指具有代表意义的标识，它有抽象的形态，或者说它是具有象征内涵的有形标识。

有研究者说，符号是指一个社会成员共同约定的用来表示某种象征意义的记号或标记。符号来源于约定俗成，形式简单，种类繁多，用途广泛，便于记忆和传播，有时具有很强的艺术感染力。符号强调的主要是象征性，特别是那些图形符号,它们都是具有特定意义的代号。

符号是人们共同约定用的指称一定对象的标识,有人概括说文字、语言、电码、数学符号、化学符号、交通标志等,都是符号。不过符号学里的符号范围更为广泛,研究者认为能够作为某一事物标识的,都可称为符号。也有人说各种符号系统中以语言最为重要,也最为复杂。又有现代符号学的奠基人之一的德国学者恩斯特·卡西尔说,"艺术可以被定义为一种符号语言"。这么说来,符号无所不包,符号可以是图形图像、文字组合,也可以是声音信号和建筑造型,等等。

四

符号的出现,有着久远的历史。如《周易·系辞上》所述孔子语:书不尽言,言不尽意,"圣人立象以尽意"。这与现代符号学概念非常接近,当然所指为卦符,也称卦形、卦画,当然就是一类符号。

其实符号的出现,可以追溯到史前,比如彩陶时代。彩陶上大量出现的几何纹饰,其实都是象形纹饰抽象的结果，经过了得意忘象的创作，剩下的流行开来的就只是那些代号了。更早的白陶纹饰也是如此，只是用一些图形指代崇拜的对象，那无疑都是符号。

人类为何要创制符号？简单、便捷、醒目、会意、一目了然，这应当是符号的特点，更是史前时代符号的特点。随着心智发育渐趋成熟，人类的形象思维也稳步完善起来。一代接续一代的观察与思考，将自然事物留在心里的印象一次次加工，具象的事物通过这样的形象思维过程，逐渐变成了抽象的代号。这样的代号获得一定的时空传播与认同，符号就出现了。

人类认识宇宙，认识自然，对事物表象进行取舍，通过形象思维的过程，对形象信息进行主观的认识，结合思维加工，用特定的形式记述与描绘出来。这应当是原初符号的一般创作过程，这样的符号在后续的传播中还会得到修饰，最终会以最完备的形式流传于世。

最初出现的那些符号，一定与信仰有关，信仰也就成为符号传播的驱动力。信仰是让纷杂的社会获得秩序的必由之路，而符号又是大脑由艺术加工出来的标识，那是一些具有强大感召力的标识。

从这样的角度看,艺术的本源也是来自信仰,所以我曾经说艺术是信仰飘扬的旗帜,尤其在史前时代。

五

符号的创制,是形象思维的结果。形象思维离不开想象和联想,所反映的对象是事物的形象,思维形式是意象、感觉和想象等形象性的观念,其表达的工具和手段是能为感官所感知的图形、图像、图式和形象性的符号。形象思维的形象性使它具有生动性、直观性和整体性的特点。

在这个过程中,需要将抽象思维与形象思维巧妙结合,才可能完成称号的创制。形象思维并不是对形象的再现,它要加工出新形象,形象思维的结果可能是全新的创造。

六

符号学研究的范围,多认为符号学是研究人类文化的,其实符号学还研究人类的认知活动、心灵活动,也难怪符号学的奠基者，多是文化人类学者。符号学关注的一个重点，应当是符号的特征。

美国学者皮尔斯的符号学有一句名言是"只有被理解为符号才是符号"，他以为这是符号学应有的形态。这是很简单的一句话，它的要义是符号要易于理解，也易于为人接受。

皮尔斯认为，符号可以分成三种：像似符号、指示符号、规约符号。前两种是具有理据性的符号，像似符号指向对象靠的是相似性，一个符号代替另一个对象，但又不是直接的模仿，若是两者完全一样，那就不是符号了。符号要让人一看便知，不能模棱两可，便于理解是重要的前提。

规约符号，则是指与对象之间没有内在联系的符号，但却是约定俗成的，也须易于理解和记忆。

当然符号与对象越是相似就越易于识别，容易让人产生联想。有相似性，又不能相同，这也就是符号之为符号的重要特征。

七

人类为何要创制符号，符号对于人类又有何意义？

卡西尔明确地把人定义为"符号的动物"，这话里已经道出了答案。卡西尔说人与其说是"理性的动物"，不如说是"符号的动物"，也就是能利用符号创造文化的动物。人和动物的根本区别就在于：动物只能对一些特别的信号做出条件反射，而人才能够把这些信号改造成为有意义的符号。

在卡西尔眼里，人就是符号，就是文化，文化关键的关键、核心的核心，就是符号。

人是一个符号的动物，借助于语言体系，人类构建了一个符号世界，正是在这个世界中，人类获得了空前的自由，从而不再受制于环境的束缚。人类种种文化形态，如宗教、艺术和科学等，就是符号功能的集中表现。

符号创造了一个脱离于现实世界的虚拟世界，符号的出现使得人类从现实世界走向更广阔的虚拟世界。

八

符号的基本特征，按照卡西尔的说法，体现在抽象性、普遍性和多变性。他把符号理解为由特殊抽象到普遍的一种形式。这一点很重要，所以他说"如果没有符号系统，人的生活就被限定在他的生物需要和实际利益的范围内，就会找不到通向理想世界的道路"。而普遍性是指符号的功能具有普遍适用的原理，这个原理包括了人类思想的全部领域，普遍适用是人类符号系统的最大特点之一，这也是为什么唯独人类能打开文化世界之门的奥秘之所在。另外一个符号不仅是普遍的，而且是多变的。

卡西尔认为，正是符号的这三大特性使符号超越于信号。人类的符号不是现实性的，而是理想性的。正是有了这个符号功能，才使人从动物的纯粹自然世界升华到人的文化世界。人与动物的分界，我们似乎又找到了一个证据，有无符号就是重要的分野。卡西尔认为，人是符号的动物，人的本质就是发明和运用各种符号创造出一个"符号宇宙"。如古中国人用天与地、阴与阳的象征符号，构建了自己的宇宙观。

美国学者杜威（John Dewey）曾经在《哲学的改造》中写下这样一段话："人由于保存了他以往的经验而与低等动物相区别……对动物来说，经验是随生随灭的，而每一种新的活动和经验都是孤立的。但人却生活在这样一个世界中，其中，每个都与对以往存在过的事物的反响和回忆相关，而每个事件都是对其他事物的提示。因此，人不像野生动物那样，生活在一个单纯的实在事物的世界中，而是生活在一个象征与符号的世界之中。"这么说来，符号之于人类社会，不仅只是重要的，更是不会缺席的。

九

符号的基本功能，主要还是为着交流便利。交流被认为是符号的基本功能之一，这也是符号具有强大魅力的原因。符号在交流过程中传达人类的思想，传达信仰，也传达艺术。

文明与史前，是人类两个大时段的划分，文字与符号便是它们明确的分野。虽然文明时代符号的使用也非常广泛，但与史前的作用与意义明显不同。符号在文明时代并没有退出，不仅没有退出，反而愈发完善了。如文字是记录语言的符号，这是字符，连篇的是文章。而记录音乐的有音符，连篇的是乐谱。这类须得成组出现的符号，特别是那些专业技术类符号，比如还有标点符号、数学符号、化学符号，等等，都不在我们的讨论之列。

神话的真相

——南方日报出版社《图说中华文明发生史》序

每一个民族都拥有原创神话，神话是一些遥远的故事，是民族历史古老的记忆。神话从诞生的时刻起，就似乎只是存在于那古老的话语版本里，人们一代代只是在口传或文字里接受神话的洗礼。当考古学诞生以后，我们有幸看到了历史遗留下来的许多图像神话版本，神话的形色细节开始透过眼睛进入我们的大脑。当然这个转变来得并不是十分顺畅，以前易于听懂的故事，现在未必一眼就能从图像中观看得明明白白。有时还得依仗智者的引领，我们才有可能通过古老的图像透悟出神话的真相。

叶舒宪的新作《图说中华文明发生史》即将出版，他嘱我写个序文，我迟迟不敢动笔，那是因为觉得跟不上他思维的节奏，而且我们问学的始点和角度并不相同。但看了他的书稿却也产生了共鸣，或者说还感受到了一种震撼。他的书告诉我们，神话不仅变得可以看见可以触摸，神话居然放射着信史的光芒。我还发现自己和叶舒宪有共同的一些研究节点，对那些熟知的古物我们所见略同。而且他的这本书从头至尾读来，很像是一部考古学著作，使用了大量考古资料，又较之一般考古学著作更显缤纷之色，图文并茂使阅读变得更加轻松。想来这个序，倒是可以写作为一个考古学家的我的一些读后感，说一说我想到的考古学与神话学的瓜葛。

看了叶著，感觉是跟随智者探访着神话后面的真实历史图景。他由神话文本解释考古图像，借此探讨文明发生的过程，重新解读神话中的真实历史。叶著将古代中国文化区分出大传统和小传统，认为玉石是中国大传统的象征符号，神话观念是这大传统的文化基因。将玉石与神话的意义提升到前所未见的认知高度，这也成为叶著突出特色之所在。叶著认为《山海经》是小说形式的信史，将神话与历史之间画出了一个等号。他探索的中心是"从宗教和神话看中华文明发生"，具体由玉的神话解读出中华文化的"原型密码"。如由熊龙图像与文献考述祖先神话，由玉钺考察王权神话进而探讨尧舜传说，由神熊崇拜追溯夏王朝的信仰传统，由玄鸟崇拜考察商族来历，又由凤鸟传说研究了西周王权神授的信仰本源。三代相关神话都有考古图像印证，两个体系合一，这是对中华文明发生过程的一个简洁而完整的描述。

叶舒宪的这些讨论都依从了他自己首倡的"四重证据法"，有文，有史，有图，有真相。2009年，叶舒宪组织启动中国社会科学院重大项目"中华文明探源的神话学研究"，由语言文学同考古学、历史学等互动，意识到前文字时代"物的叙事"对于文学人类学研究的重要意义，提出以"四重证据法"作为中国文学人类学的方法论基础。所谓四重证据法是：传世文献、出土文献和文字、人类学的口传与非物质文化遗产、考古图像和实物。正是由这个基础出发，叶舒宪提出由人类学、神话学视角进入中华文明探源工程的整合研究思路，以大量考古学实物为基础材料，充分调动人文解释学的阐释力，"让无言的出土器物发出声音，甚至说出话来，从中探索无文字记载的远古时代的社会和文化信息，从而重构出失落的历史线索"。

叶舒宪认为："中华文明探源工程缺失了神话学视角，阻碍着考古学素材和人文学科阐释之间的沟通。物的叙事这一视角恰好能够弥补这一缺失。如今的比较神话学研究，已将神话叙事的概念应用到图像和文物之上。从整合性视野看，神话是作为文化基因而存在的，它必然对特定文化的宇宙观、价值观和行为礼仪等发挥基本的建构和编码作用。"

我们知道，这个文明探源工程是由考古学家主导的，它更多的是重实证，但对于实证的解释，又非常谨慎，特别是回避了传说与神话的研究途径，这反而削弱了实证的作用。在这个时候，向其他学科求援是一条必由之路，叶舒宪带来了一路援军，我们应当张开双臂欢迎。

叶舒宪通过实践这四重证据法，他的神话研究已经走出书斋，走向了田野，走向了博物馆。我觉得他大体完成了考古与神话的对接，是系统的对接。

神话与真实之间，可以这样对接吗？叶舒宪的回答是肯定的，当然这种对接其实并不容易，因为这是无缝对接，作者完成的是在神话与考古之间的对接，或者可以称为虚与实的对接，我觉得这个对接获得了很大成功。这个成功，既解释了神话，更解释了考古，两全其美。这样的解释，让考古人重新认识了神话的价值所在，也使得考古在神话里体现出了自己的价值。

考古与神话，作为学问而言，似乎本无什么联系。它们一个很古老，神话老到数千岁以上；一个很年轻，考古年轻得只有百多岁。在神话学那里，两者早先也互不相知。在考古学这里，两者相识但互不搭界。

但它们有两个共同点，一是内涵都很古老，二是魅力都很强大。这样想来，它们又注定是很搭界的。

考古学家虽然在很长时期都排斥神话研究，但是不知考古获得的信证很多都与神话有关。我们所研究的那时代的人，都生活在历史建构的信仰中，而信仰的表现形式主要便是神话。可以这样说，没有神话，那一段历史便无所凭依。没有文字的时代，神话是以考古图像的方式保存着，神话中有很真实的历史。神话一直被归属文学范畴，神话叙述不论是口传或是文本形式，都是描述式的，都是通过受者各自的想象进行二度创作后保存并传播的，所以改变也是不可避免的。但古老的图像却保存着神话相对原始的面貌，是更可信赖的史实。以考古图像求证神话的本源，以图像神话求证历史的真相，顺理而成章。考古为寻找本源神话，为重建神话体系，是可以作出贡献的。

当然，在神话、考古与历史之间，并不能简单画上等号。要研究各自的表达体系，找到它们的吻合点。这个过程不是个别事象的比对，而是整体系统的观察。叶舒宪的新作尝试进行了这个整理工作，我觉得他找出了许多的吻合点，所以他画出了一些比较确定的等号。

当然早期文明史并不都在神话里，但神话却可以勾勒出这样一个大致的历史轮廓，这已经令我们大喜过望了。

神话是思想的历史，考古研究擅长研究物的历史，考古人似乎还没有准备好，或者说还没有足够的素养来从事这个研究。所以不屑或排斥神话的研究，也是可以理解的，但并不能认为这是正常的。

神话的真相，就存在于考古之物证上，只是过去对这些物象缺乏中肯的解释。叶舒宪对这些物象非常关注，他说:"物的叙事带来的信息足以解释文献叙事的所以然,从而帮助今人重新进入历史。"他认为在考古发现的图像叙事和实物叙事中,可以解读出神话思维,辨识出神话叙事,可以发现神话意象。他认为"以往的神话研究大都属于纯文学研究,所看到的只是文学文本。未来的神话研究将拓展到文字以外的新材料,称为物质文化或物的叙事",这便是他所说的"第四重证据"。这样就可以"重估从炎黄始祖到尧舜禹汤文武的圣王叙事谱系,构建出一幅以新知识视角为观察点的中华文明发生历程之全景图"。

叶著是部普及性著作,我觉得一般读者是可以读懂这"全景图"的轮廓的。这个研究是开创性的,我们不会要求它一开始便那么尽善尽美,这个研究还会深入下去,我相信今后一定会看到更完备的结论。

书评文论

北京何来

——读王光镐《人类文明的圣殿——北京》有感

一个退岗许久的考古学家

经历8年梦醒之间的磨砺

孜孜不倦地追溯这座现代都市的根脉

他的新作为我们讲述了岁月远去的北京故事

北京，是一座我们熟知而又陌生的城市。你可能走遍了，也可能读遍了，但偌大的北京，你又真正了解到多少？

你想过没有，这座城也许最早只不过是一个小村子。也兴许最早连村子也没有，只有人迹而已。许多人都不知道，在人潮如织的王府井大街，不仅有清代王府的遗迹，居然还发掘到了深藏在地下10多米的旧石器时代人类活动的证迹，那里有一座建造在地面下的博物馆，展示着2

万多年前正宗北京人的人间烟火遗迹。

一座城市有大有小,历史有长有短,不是任一城市的来历我们都那么了然于心。北京的历史根脉,其实还可以追溯到比这2万年更久远的年代。北京何来?王光镐先生的新著《人类文明的圣殿——北京》,以一位老考古人的睿智,为我们细细讲述了他发掘到的北京故事。

北京何来?不要以为,这是个老生常谈的话题。写过北京的人有许多,但没有人像王光镐这样写,没有这样用心用力,没有倾注如此狂放炽烈的激情。激情是本书的灵魂,这激情可不是一时的冲动,本书的工期长达8年,作者无暇他顾,没有职事烦扰,甚至也不关节令暖寒。作者是老资格的考古人,本书是他退岗后成功回归学术的一个标志。这不是简单的回归,勇气,功力,激情,缺一不可。

王光镐以为是"连绵悠长的北京历史文化"给了他以"足够的自信",但这当然是不够的,没有足够的功力,这自信也就没有了意义。正因拥有考古学深厚功力,作者以考古发现为主要架构,他才能勾勒出北京这座文明圣殿的雄伟来。这座圣殿又不仅仅取用考古材料，选材深入各相关学术领域，这样才有了圣殿的崇高，风姿，坚不可摧，和五彩斑斓。本书其实也是一层层还原了这座圣殿建筑的过程，甚至会让我们朦胧感觉到历史设计师的存在。

王光镐通过"对北京历史文化发展过程、模式、趋向的系统考察"，得出了北京是中华第一摇篮、天下第一城、东方第一都，是一座举世无双的圣城，是属于全世界"人类文明圣殿"的结论。一个只身在名利场之外游走的人，靠的就是这样一种激情，走过日复一日寂寥的朝夕。王著如同是一棵盛年的大树，一棵枝繁叶茂的参天大树，那一行行易读好懂的文字，就是那一片片赏心悦目的树叶。还有书中征引的2000余条资料，是前人已有的成绩，也都如同佳果系于一树，蔚为大观。

大树长成，有赖壮实的根脉。王著追寻京城故事，用相当大的篇幅追寻这座城的根脉，如同是在探索大树的根脉一样，书中将这遥远的故事缕分为地脉、人脉、城脉、文脉及气脉诸类，分述北京史前的悠久年代，文明早期的持续发展，帝都由无到有地递进拓展，民族多元一统格局形成和承续传统的信仰体系。北京由来之重大端绪，在王著的论述中囊括无遗。

北京之地，地脉有何特别之处？

古代每一城邑的选址，既有相似的理由，也断有它独特的理由，有地之理，有人之为。中国文化传统讲究"形胜"，有险可守，有便可乘，有美可瞻，有利可图，如《荀子·强国》所云："其固塞险，形势便，山林川谷美，天材之利多，是形胜也。"王著在开篇的导论中，首先论道的，就是北京之形胜。他援引清初史志家孙承泽言称："幽燕自昔称雄，左环沧海，右拥太行，南襟河济，北枕居庸。苏秦所谓天府百二之国，杜牧所谓王不得不可为王之地。"文明的圣殿，就在这一形胜之地构建起来。王光镐认为北京正位于"东方生命带的中心"，是东北与华北两大平原史前农耕文明交融的接点，也是历史时期农业文明与游牧文明互动的接点。他特别强调的中华古文明研究视野中的这种"南北向的纵轴线"，视野的变换，可以看到过去看不太清晰的历史风景。他特别提示农业文明与游牧文明的互动，应当是几千年中国文明发展的原动力，北京正是这种互动的重要见证之所。

北京之地,人脉古远,这宝地最初知是谁们曾经的所在?从前的从前,在旧石器时代,这里是猿人和智人的家园。在周口店发现"标志古人类起源的北京人"和"标志现代黄种人起源的田园洞人和山顶洞人"。到了新石器时代,在此居住的先有东胡林人,其后是北迁来的黄帝集团及其后人。这是北京的人脉,也是北京的创世纪,王著着力还原了这个城市的前历史时代。

说到周口店北京人的发现,由此生出的许多故事我们并不陌生,不过王著仍然用了较多的笔墨阐述这个发现之于北京的意义,北京人因北京而得大名,北京因北京人而显古远。一个现代都市,曾经拥有数十万年前居民生命的证迹,新旧大陆绝无仅有。关于北京人脉的追寻,亮点还在论道黄帝与北京的关系,这是全新的解释,也是王著中最独到的新说之一。

我们知道,黄帝仅存在于传说之中,考古学家很少谈论黄帝,因为他们无从确认历史学家津津乐道的黄帝行迹的实证,迄今哪怕是一件这样的实证也没有。王光镐审慎梳理了相关文献，正是由考古出发，列出十端理由，得出黄帝与辽河流域红山文化有关。王著以"黄"训"玉"，由此寻查"黄帝"之名与美玉崇拜有关，独出心裁而又言之凿凿。王光镐以为黄帝源出燕山以北，崛起于燕山以南，再迁都于中原之土，这大胆阔论，颠覆了"华夷之辨"的民族史观，开辟了北京史研究的新视野。王光镐对于黄帝重新研究的意义在于，他认为黄帝将北狄、东夷、西羌和中原集团凝结成一个共同体，黄帝是"人文始祖、文明始祖、民族始祖"。综合考古、文献、地理、民俗、神话等各类史料，王光镐认为"黄帝不仅不是源出于中原腹心之地，而且恰恰是源起于塞外的西拉木伦河、老哈河、大凌河流域，源自那里的红山文化"。正是因为如此，才可以解释何以北狄、犬戎、东胡、匈奴、鲜卑等皆自谓为黄帝的后裔。

黄帝之后，除了世居的蓟，前后到达这里的居民有荤粥、肃慎、山戎、邶和燕亳，再而后是西来的召公立都建姬周燕国，又有东周之燕，刘汉之燕国与广阳郡，魏晋南北朝北方诸族之燕、赵、秦、魏、齐、周，隋唐之幽州，契丹辽之南京，女真金之中都，宋之广阳，蒙元之燕京及大都，北上的明代北京，南下的清朝京师，民国和新中国的北京。历史上入驻入主北京的，除了老北京，显然外来者占上风，南来北往的客向往这一方宝地，他们带来的文化都融汇在此，一次次改变着北京。

北京之地，适宜筑城，究其城脉，王光镐认为最早是黄帝时代建立的涿鹿之城，那个万国林立的时代应当同时还有许多小城存在。《五帝本纪》有黄帝"邑于涿鹿之阿"之说，这涿鹿在今北京城西北，或说黄帝的"涿鹿之邑"为古代北京建城之始。又因黄帝后人封于蓟，蓟国于殷商甲文、金文，立国正在今北京之地，被认为是北京最早建城的可靠记录。更多人的主张是西周燕都即召公奭的封邑在今房山琉璃河，由文献和考古双重证明城邑始建于西周成王之时，官方选择了这个燕都作为北京建城的纪念。这个"燕"，也就成了北京的一个重要历史名号，作国名，作郡国名，作城名，作都城名，历史变换着风景，这大名却一直被牢记着。

北京建城与建都两个问题都可以追溯得很早，关于建都之始，历来有以西周召公奭的燕都为早的，有以两汉封国之都为早的，更有以金海陵王迁都中都或以元大都为早的。王光镐认为，北京的建都史应从辽的南京算起，辽是与北宋南北分治的重要王朝，对中国历史的发展及版图的奠定起了不可低估的作用，这名为南京的城为辽五京中唯一能与北宋都城开封媲美的大都市，这个建都史到今天已有一千余载。千年来构成都城辉煌的不仅是曾经高大的城垣，还有金扉朱楹、白玉雕栏、宫阙巍峨的皇家建筑。天地两坛庄严明朗，紫禁内城威严壮丽，历代帝王庙深邃宁静，太庙严肃静穆，孔庙高雅亲切，"它们无所不至地展示着东方建筑艺术的浑然天成和大气磅礴，是东方建筑的辉煌成就，更是人类文明的瑰丽奇葩"。传统建筑体现礼制文明的庄严之美，蕴含"天人合一"和谐之美，辉耀古典建筑"中和中正"对称之美，映衬庭院民居幽深之美。"这些建筑艺术富含的人文价值，是中华民族伦理、信仰、情感和大义的物化标志。当这些建筑以醒目的身姿伫立在北京城的东南西北时，北京城就成了汉文明的集大成代表，成了最具内涵的东方文明古都。"读到这些文字，我真切感觉到作者的那一份情感，已经深深融入了这座古城的一砖一瓦中。

北京之地，精深之文脉生成于多元长时的融汇，博大宏富。"北京南承中原、西望长安、北临草原、东沐海风，地势险要，交通发达。地理结构的多元性和交通状况的自然天成，使北京自古就成了孕育、生成多元民族与多元文化的摇篮，也成了这些民族与文化交织融合的温床。"王光镐用了很大篇幅论述北方游牧文化与游牧部族的形成，认为这是中国历史上一件划时代的大事，"直接导致了游牧文化圈和农业文化圈二元对立格局的形成，从此以后中国数千年的历史多是围绕游牧民族与农耕社会的相互依存、相互碰撞、相互兼融展开的"。缘于环境的变迁，中国北方游牧文化形成于史前晚期，并且很快南下燕山登上北京的历史舞台。燕山南北两大族团在血脉上从此根蒂相连，文化上源出一脉，也正是因此有了"北京自古以来承担的外向培育、内向聚敛作用"。

从西周时期开始，"幽燕地区纳入中华主流文化圈，汉文明的传承从此历久弥昌"。从汉代开始，儒学逐渐成为汉文明和汉民族心理的重要内核之一，也成为幽燕文化的主干。不断入燕的少数民族，也都从内里汲取养分，也都致力于"理想人格的培养和理想社会的构建"。同时汉文明也融入少数民族文化，从多元民族、多元文化相对独立又相互依存的多元一体，发展到多元民族、多元文化通过不同渠道相继融入汉民族和汉文明的多元一统，是中华文明的总体演进过程，也是北京历史文化的实际演进过程。所以王光镐发出这样的慨叹："公元10世纪初以后，由于辽金的西进、蒙元的东渐、明朝的北上和满清的南下，更不断造就了北京地区的历史多元性、民族多元性和文化多元性，终于缔造出一个底蕴深厚的东方文明之都。"

史上北京气脉所系，是前后传承的信仰体系神统与道统。"信仰是一个民族的灵魂，是民族意志的体现。"王光镐认为，中华民族根深蒂固的传统信仰，无论是从华夏的正统观念出发，还是从民间的伦理道德考察，可以归纳为"天、地、君、亲、师"崇拜体系。《荀子·礼论》对中华民族"天、地、君、亲、师"信仰有经典概述，王光镐的理解是"天地乃人之所生，先祖乃人之所出，君师乃人之所治，若没有天、地、君、亲、师，就没有人类的一切……敬畏与崇拜上天、大地、君王、先祖、贤师，就是一切礼制的根本，就是华夏文明的根本"。完整体系的"天、地、君、亲、师"信仰，最迟不晚于西周时期便已形成。这个信仰体系既是东方文明的独特产物，它融注了华夏先民自亘古以来的意识形态和道德信仰，孕育了先秦儒家的忠君孝亲社会伦理，又涵盖了以"道"为最高信仰的道家思想，是中华民族的本底文化；它合"天道""地道""人道"于一体，在"天人合一"观的统摄下，确立了人对自然的尊重与慑服，促进了人与自然的和谐相处；它在数千年中打造着中华文明的大厦，维系着中华民族的统一，连接着根深蒂固的东方文明。

古代历朝历代都在都邑兴建国家级的"天、地、君、亲、师"祭祀场所，元明清北京城的殿宇楼台坛庙，体现"天、地、君、亲、师"崇拜与信仰的建筑既是京城皇家建筑的精华，也是全国同类建筑的翘楚，有祭祀上天诸神的天坛、日坛、月坛，祭祀地祇和江山社稷的地坛、社稷坛，有祭祀天地诸神的山川坛，有祭祀当朝君主列祖列宗的太庙、奉先殿、御容殿，有祭祀历朝有道明君和功臣名将的帝王庙，有祭祀孔子的孔庙、文华殿等。这些建筑都是举行国家祭祀大典的地方，属于纯礼制活动场所，具有明显的象征意义，是东方民族传统信仰、伦理道德、行为规范、礼制文明的标志。这些建筑全面涵盖了"天、地、君、亲、师"信仰的方方面面，古代北京也因之呈现出完整的都城风貌。

北京何来？王光镐说北京"有长达五六十万年的人类生活史，早在万年前就成了新石器时代革命的发源地，同时它还拥有五千年文明史、三千多年城市史、一千余年都城史"；它的历史、文化、文明长盛不衰，始终保持着持续、递进的发展，它奇迹般地将主流民族、主流文明和多元民族、多元文化融会起来，创建了一个多元民族与多元文化乃至多元宗教共生共荣的完美典范；它始终以大气磅礴的城市风貌展示着东方民族的精神信仰，是东方文明的集大成代表。

王光镐的这一部书，是一部慢工细活成就的大作品，须得慢慢地读，方能品尝到字里行间蕴含着的醇厚味儿。

平均一天字斟句酌磨砺数百字，70万字写了8年，读时也得细嚼慢咽。跟着考古人王光镐完成一遭古北京之旅，一边阅读，一边观瞻，一定会有许多新收获。

原刊《人民日报》2015年8月4日

考古寻根之路

——读朱乃诚先生《中国文明起源研究》随想

一个人会常常回首自己走过的路,回首有助于确定人生目标,校正前行的方向。一族人一群人也会回首从前,反思成败,鼓舞精神。考古人近些年也在频频回首,回首走过的中国古代文明寻根之路,我们一代代在追踪,在探寻。这是一个世纪梦想,我们常常回首,常常瞻望,回首走过的路途,瞻望未来的景象。

最近读到朱乃诚先生的新著《中国文明起源研究》,知道他做的便是这样一件回首的事情,他对中国学者的古代中国文明寻根之路,勾勒出的不仅仅是一个大致的轮廓,还有许多细微的情节。以个人之力,做这件大事,当然不会是轻而易举,所费心力之巨,可想而知。翻读本书,有不少收益,也有许多的感受。

在这近一个世纪的时光里,为了探寻古代中国文明之源，中国的考古人做了些什么？收获怎样？还有些什么迷惘？在《中国文明起源研究》里，我们可以读到相关的答案。

在中国学术界探索中国文明的起源，大致是从20世纪20年代开始的。那时郭沫若以恩格斯的《家庭、私有制和国家的起源》一书作蓝本，探索中国的古代社会，1930年出版了《中国古代社会研究》。20年代开始的安阳殷墟发掘，是考古人探索中国文明源头的起点。这正如徐苹芳先生所说："中国现代考古学从诞生之日起，便与中国文明起源和形成的研究结下了不解之缘。"50年代李济依据殷墟的发掘成果，写出了《中国文明的开始》一书。梁思永发表《龙山文化——中国文明的史前期之一》一文，明确指出龙山文化是探索中国文明起源的重要阶段。

1959年徐旭生倡导开始夏文化的探索，在豫西发现了二里头文化。考古人探讨中国古代国家的形成，有了实质性进展。又过了20年，在探索夏文化的过程中，在中原地区发现龙山文化晚期的城址，山西襄汾陶寺遗址发掘取得重大收获。1983年夏鼐在日本作"中国文明的起源"

的学术演讲，后来演讲结集为《中国文明的起源》一书。夏鼐阐释了二里头文化至殷墟商文化时期文明社会的基本特征，明确了探索中国文明起源的时空范围。

到1986年以后，中原地区、辽西地区、海岱地区、长江下游地区、江汉地区及陇东地区的一系列新发现，开阔了中国文明起源研究视野，大大丰富了中国文明起源研究的内涵，苏秉琦的《中国文明起源新探》一书，对这些发现进行了阐述。

从此以后，考古人探索中国文明的起源，基本上是在《中国文明的起源》和《中国文明起源新探》两书的影响下展开的。与此同时，年轻学人还引进了现代西方探索文明起源的成果，希望在理论层面上有所建构。

有关中国文明起源研究的论著，切入角度不同，研究方法各异，各有所长。许多学者通过对马列经典著作所确定的"文明""国家"等概念的理解，来探索中国文明的起源。夏鼐在演讲中提出了"文明"一词的概念和含义：史学界一般把文明一词用来指一个社会已由氏族制度解体而进入有了国家组织的阶级社会的阶段，这种社会中除了政治组织上的国家以外，已有城市作为政治、经济、文化各方面活动的中心。它们一般都已经发明文字和能够利用文字作记载，并且都已开始冶炼金属。他特别强调，文明的这些标志中以文字最为重要。这样一来，许多学者尽心于文明标志的讨论，希望通过在考古中寻找这些物化标志来研究中国文明起源的时空界标。

但是就是这样一些明确的标志，要解决中国文明起源研究的诸多问题，也未必那么轻而易举，许多的争论也由此引发出来。其实关于文明起源与形成的总体标志问题，西方学者从19世纪争论到20世纪，到如今也未见统一。

文字标志论流行最广，有代表性的主张者是摩尔根和泰勒。城市标志论的主张者是英国考古学家柴尔德，他的《城市革命》论证城市形成是文明降生的决定性标志，列举了城市革命的十项标准。国家标志论由马克思理论奠基，恩格斯在《家庭、私有制和国家的起源》一书中明确提出。马恩以三次社会大分工为文明起源主线，而最后的总体标志则是国家的形成，"国家是文明社会的概括"。

当然文字不失为文明起源的重要表征，但由于文字形成是一个至少长达3000年的历史过程，文字与成熟文字之间的界线实难准确把握。对于城市标志论，也有人质疑，像古埃及曾是文明在先，城市在后，城市未必一定是文明起源的象征。国家是文明的标志的学说，更具有确定性，国家可以作为文明形成的标志点。国家形成是一个易于认识的历史过程，便于在考古学、历史学上准确把握。

在寻根过程中，比较研究也是很时尚的方法。一些学者将中国古代文明与世界上其他几个文明起源中心进行比较，了解彼此的异同，与各种模式比对。也有学者引进现代西方学者的文明、国家和酋邦等概念，来探讨中国文明的起源。

有了这样的一些理论依据，根据积累的丰富的考古材料，学者们努力来探索中国文明形成的时间、地域和模式等，许多的论著展现了不同的视角，得出了并不一致的结论。有人通过研究文明因素，如文字、城址、青铜器、玉器、礼乐器、埋葬制度等，来探索中国文明的形成的动态过程。有人着重通过私有制、阶级、复杂社会、国家政权机构的起源，来探索中国文明的本质特征。有人着重探索原生文明、次生文明形态和区域文明化进程等，探求中国文明形成的模式。有人由农耕文化发展、环境变化、洪水治理、战争与祭祀方式等，探索文明形成的动力、机制与背景。还有人通过对文献的整理，尤其是探索传说时代的社会状况，进行文献与考古学整合研究。

学者们对中国何时进入文明时代有不同的解说，一说是在距今不足4000年的二里头文化时期，一说是在4000多年前的龙山文化晚期，一说是在距今5000年前，一说是在距今6000年，各说都有强调的重点。不过彼此的距离显得太大了一些，2000多年时间的差距，还得用相当多的努力来弥合。

虽然分歧明显，但收获也不少。不同角度的研究开阔了视野，通过比较研究，对中国早期文明在世界文明中的地位有所把握。除了理论层面的理解，更重要的收获是实践性的，这也是考古人最值得引以为豪的。考古陆续发现了一大批距今四五千年或五千多年的高等级的文化遗存，丰富了中国远古文化的内涵，将古代中国的一些文化成就向前推进了数百年甚至是上千年,也有可能是将中国文明的形成时间向前推进了近千年。对几个自然地理环境条件较优越的区域,特别是中原地区在中国文明起源过程中的地位,有了更深入的认识。对龙山时代形成的以中原为中心的文化格局,对陶寺文化及二里头文化在中国文明化进程中所显示出来的作用,都有了相近的认识。学者们确认中国文明是土生土长的文明,确认中国文明是世界东方最早的文明。

应当说,我们希望解决的问题,有一些并没有确定的答案,更没有一致的答案。或者甚至可以这样说,我们的目标其实还有不明确的地方,有的目标有些游移不定。如我们找到了不少早期城市遗址,但这些城市的面目并不清晰,它的内涵基本空缺,功能自然也不明了。又如文字,我们也只探明了成熟的商代甲骨文,关于它的源头,它的发展过程,至今我们也还只是处在猜测的层面上。至于早期国家形式,我们也依然是不可望亦不可即,三皇也罢,五帝也罢,我们至今也只是捕风捉影,踪迹不寻。

在那些关键环节所下的结论并不十分完善,可能远没有到解决问题的时候。我们有时迷惑在自己布下的迷雾中，却以为成功地到达了彼岸。有学者注意到，传统史学的思维和研究方法对中国文明起源研究影响至深，西方学者也认为史学导向的中国文明起源研究存在弊端，当考古发现和史籍记载的吻合一旦确立便认为研究目标已经达到，不再进一步提出问题。田野考古学将会为文明起源研究提供崭新的见解，并成为历史新知的丰富源泉。考古人的努力是至关重要的，也是责无旁贷的。

当然考古学也有自己的局限性，也不要以为考古人是万能的。有学者指出，文明起源的研究非常重要，文明形成的研究涉及对中国古代历史、对中国古代文明社会的形成和发展的一系列的问题，特别是秦统一的历史过程的研究。这方面的材料非常丰富，不仅是考古学的研究，还涉及历史学、文献学、民族学和社会学，研究的范围更为广泛。这对于研究中国文明社会发展的规律，尤其是对现实社会的理解，都有很重要的意义，所以还应该加大关于中国文明社会形成的研究力度。

西方人类学理论不能完全照搬，中国史学传统也未可全部否定。也许一些考古人不大愿意在史学家或是人类学家的指引下去风餐露宿,但是如果三头并进,互为借鉴,殊途同归,未必不是一个好主意。

朱乃诚先生的《中国文明起源研究》,对考古人近100年的寻根之路,进行了比较客观的描述与评论,当然要求事事都有精准的评论是不现实的。我们并没有找到我们想要寻找的中国文明形成的源头,考古人前面的寻根之路还有很长很长,不要想象着会有捷径,也不要期求突然的柳暗花明。但考古人心里依然会是热烈的期待,付出的依然会是不懈的努力。

用一柄手铲解读史前中国
——读《石兴邦考古论文集》有感

在他的学生们一个接一个出版研究文集以后，在九十大寿生日之后不久，一代考古大家石兴邦先生出版了自己的考古论文集。我知道石先生对于文集的出版非常谨慎，一方面是因为早年的研究他觉得还有需要修正之处，还有就是虽有长期思考却一直未能匀出时间完成的论文需要充实。现在文集终于在很多学人的盼望中出版了，这部文集不仅因部头厚重而显分量，更因为它的科学分量而显厚重，这是石先生一生考古探索的总结。文集收录的论文，侧重中国史前考古的研究，也兼及三代与隋唐考古，我想在此将自己对史前考古内容的读后感写出与读者共享，也当作是对这位老者奉上的一份敬意。

石兴邦先生文集收录的多数论文，虽然过去都不只读过一次两次，但这次结集再读，依然让人有新的感觉，有新的回味。从中我们可以看到一个勤谨奉献的考古学家的心路历程，我们能够回味中国史前考古经历的近百年的故事。收入文集中的史前考古研究论文，大略可以分为五类，一是史前史及方法论研究，二是中国新石器文化体系研究，三是史前环境与生业形态的考古研究，四是史前信仰与传说的考古研究，五是中国文明形成与发展的考古研究。这些研究又彼此融会贯通，互为表里，相得益彰。中国新石器文化体系研究，是石先生考古研究中最突出的建树，文集中有三篇长文进行了探讨，其中有一篇是新刊，论述更加精到。

不能不说，在考古界虽然是德高望重，但在公知领域石兴邦先生的成就比他的名字更知名。20世纪50年代发现的陕西西安半坡遗址，念过书的人应当都知道，而半坡的发掘提领者，正是当时才刚刚三十岁的石兴邦先生。半坡的历练，半坡考古范式的创立，让他很快成长为中国一流的田野考古学者，也使他开始了行走天下、解读地书足足六十年的旅程。这个半坡考古范式，并没有什么人用力倡行，却一直引领着中国田野考古的行进方向。从半坡开始，石兴邦先生就用一柄手铲，发掘远古尘封的细节，细细解读史前中国的那些未知情节。

仰韶文化发现30年之后，半坡遗址的发掘使得学者们真正有可能重新细致认识了这个考古学文化的内涵，这是中国新石器考古第一次发现这么丰富的资料，也是第一次比较全面地揭露一处考古遗址。石兴邦先生以半坡作为切入点，在《西安半坡》中就仰韶文化的类型、年代和渊源进行了深入探讨，同时讨论了氏族公社制度、原始宗教信仰、粟作农业起源、彩陶发展演变诸多重要课题。半坡的发掘使仰韶文化的类型研究成为可能，确立了半坡类型，主要内涵属仰韶文化早期，这是区分不同时空范围的仰韶文化的开始，使得仰韶文化的研究进入一个新的层次。也正是由半坡发掘梳理仰韶文化开始，对于中国史前文化体系的研究已经打下坚实基础。1959年石先生在《黄河流域原始社会考古研究的若干问题》一文中将仰韶文化按地区与时代不同反映出来的差异划分为两个类型，半坡类型和庙底沟类型因之确立。起初学界主要扛鼎者并不同意这划分类型的思路，以为将问题复杂化了。现在很多学者都将半坡作为一个独立的考古学文化命名了，确实它与安特生最初发现的仰韶是不相同的，正因为如此，划分类型就是势在必行的了。这个研究方法一经公布，有力推进了仰韶文化研究。研究者通过这个途径认识了仰韶文化在不同区域间的异同，区分出典型仰韶文化和受仰韶强烈影响的文化类型。这个方法还影响到后来包括龙山文化在内的其他许多新石器文化的研究，如果没有地区类型划分，中国新石器文化的研究就不会有今天这样完整的体系和清晰的脉络呈现出来。

半坡遗址的发掘意义深远，它是中国考古学发展史上的一个里程碑。它的意义还不仅仅是深化了仰韶文化本体的研究，它为中国新石器考古研究建立了一个重要的模式，也是中国全景式聚落考古的一个开端。这个模式经历了半个多世纪的检验，当现在已经拥有了数十部史前考古发掘报告时，才发觉我们依然没有违越这样的模式。半坡的发掘过去了这样久的时间，关于半坡的研究仍然在继续，半坡是出现在学者们论著中频率最高的新石器考古遗址名称。半坡同时也因为半坡遗址博物馆的建立而深入公众的知识结构中，许多国人是通过半坡开始认识史前中国的。半坡遗址的发掘标志中国史前考古一个新阶段的开始，它生发出许多的课题，也成就了许多的学者，其中的佼佼者就是石兴邦先生。

在半坡遗址发掘之后的30年，中国史前考古又有了许多新发现，新的发现不限于仰韶，也不限于黄河流域，如何梳理和认识这些新资料，成为许多学者首要考虑的问题。对中国新石器文化整体框架的研究，有许多学者进行过尝试。主要地区的文化谱系得以建立，这个体系不断得到补充和完善，研究也不断深入。在研究过程中，曾经出现过二分、三分、四分和六分说等一些不同的学说，显现出学者们不同阶段的不同认识维度。

二分说。过去不少学者提出过中国文明形成二元说（两大板块说），如傅斯年先生的"夷夏东西说"。一些研究农业史的学者，则按中国西北黄土地带与东南水乡分别从事旱作和水田农业分成两大块。有的考古学家起初也将中国远古文化分成西北、东南两大板块。这是最初建立起来的系统，也是后来研究的基础。

三分说。徐旭生先生在20世纪40年代出版《中国古史的传说时代》一书，明确提出华夏、东夷、苗蛮"三大集团"的说法。华夏集团包括传说中的黄帝、炎帝、颛顼、帝舜、祝融等，商族也包括其中。其地域主要在西北地区，沿黄河流域向中原扩展，越过太行山一线，直抵今天的山东西境。东夷集团包括传说中的太昊、少昊、蚩尤，主要活动区域在今天的山东地区。苗蛮集团包括传说中的三苗、伏羲、女娲、獾兜等，一直以江汉地区为活动中心。这三大集团的分野，是徐先生对文献中古史传说的勾画。过去一些考古学家也曾试图由考古学文化进行比符，但并没有得出确定的结论。

20世纪70年代之末，通过对长江流域的史前文化进行数次系统考察，石兴邦先生开始构建中国新石器文化体系的轮廓，提出另一种三分说。1980年石兴邦先生在华东地区考察时以《关于中国新石器文化的体系问题》为题作了专场学术报告，从生态文化学的角度，将中国新石器文化分为三个大板块，每一板块又分成若干文化传统。石兴邦先生认为中国新石器时代文化体系形成于7000多年前。他将这个体系分作三个系统：一个是以稻作农业为主的青莲岗文化及南方文化系统诸部族；二是黄土高原的垦殖者、以粟作农业为主的半坡仰韶文化系统诸部族；另一个是以狩猎畜牧或游牧为主的北方细石器文化系统诸部族。这三个系统经过一千多年的发展融合，最后形成了以中原地区为中心的庙底沟氏族部落文化，它是华夏族最早的原始文化核体，在与周围诸部落文化长期接触的过程中，不断地发展成长，经过了三个发展阶段，上承半坡、大汶口和青莲岗文化之余绪，下启龙山文化氏族公社之基，最后发展到夏、商、周三代青铜文明。

四分说。夏鼐先生在主持编纂《中国大百科全书》的《考古学》卷时，把新石器时代的考古学文化从北到南划了四个横条，即北方地区、黄河流域、长江中下游和华南西南地区。这是大地理区划，如果说两分法是纵向的经式划分，这就是横向的纬式划分。

六分说。苏秉琦先生在20世纪80年代根据一些新发现，将中国新石器文化划分为六个区系，这个学说在学术界产生深远影响。六个区系实际上是兼取经纬划法，将黄河长江中下游又作了更细的区分。把仰韶文化系统以河南省陕县（今为三门峡市）为界，拆成东西并列的两个区系，又把长江流域按中游的江汉平原和下游的环太湖地区也划为两个区系。再加上南方地区和北方内蒙古长城地带，总共是六个大区系。

如果将这些学说模式作一下比较，我们觉得石兴邦先生的三分说，更概括、切实、无遗。石先生对中国新石器文化体系的研究，有自己的理论视角和方法论。他强调从自然环境史和大经济史的研究出发，考察人类社会的发展史和文化史，重视神话传说提供的线索，重构信仰传统，进一步探索文明起源与国家形成。这样的史前史研究思路与实践，为后人提示了完整的方法论，这是石先生在学术上非常重要的贡献。

我们可以由石先生研究新石器文化体系的实践，看到他的学术思想不断完善的过程。1980年首先问世的《关于中国新石器文化体系的问题》一文，开始由环境与经济模式观察史前，划分出旧石器时代山林采集经济、中石器时代山麓过渡经济和新石器时代河谷农畜经济，这三个环境与经济模式的确立，构建起最基本的认识框架。由此石先生还特别提出新石器文化的产生，是人类由山林到河谷的迁徙过程中完成的，这种迁徙改变了环境模式，改变了经济方式，自然也改变了文化形态。当然这种改变并非完全的，也会有以旧模式生活的群体，新旧群体之间会有互动，所以石先生特别指出："中华民族的物质文化最重要的特点，以及与之密切相关的行为模式的标准，是在不同民族部落和民族文化共同体的不断频繁相互作用的过程中形成的。"这个认识非常重要，也许可以看作是认知中国历史发展动能的一个重要基点。史前是如此，历史时期更是如此，中国历史应作如是观。

对于史前环境与生业形态的考古研究，石先生在1990年又发表《中国新石器时代考古文化与生态环境的考察》一文，对历史环境进一步作了动态考察。更深入探讨了中国新石器时代三个经济文化类型的生态环境带，即北部与西部的采猎经济文化带、黄河长江中下游农业经济文化带、沿海捕捞经济文化带。认为气候变化不仅影响生态环境，也影响到人类经济和文化的发展。在气候由寒转暖的全新世早期，生态体现了采猎向农业发展的过渡特点，人类向低地向平原转移营建聚落，推动高级采集经济的发展，最后导致农业的出现。"在两大经济文化类型生态环境带之间的接壤地区，形成混合经济文化类型并随自然条件的变化而形成文化的变体。这些文化变体的中介类型，正在自然环境和接壤地区成为历史上文化交流的巨大纽带。"环境与文化的动态考察，对考古材料的理解又更深入了一步。

收入文集中的《中国新石器时代文化体系研究导论》，约8万言长文，是石先生1998写成的一篇未刊稿。他重点讨论了人与地的关系，提出了三点认识：1.人类文化是生态环境的产物，生态环境是生存和创造的基地，是扮演文化史剧的舞台；2.人是文化创造的主体；3.古史传说与考古文化要整合研究。他用15个页面叙述山川湖海自然环境，分作三大板块，对考古文化、生态条件和历史民族文化进行了深入整合研究，进一步指出：1.黄河中上游高原地区，以仰韶文化系统为代表，为粟作农业文化区，为古代羌戎族系活动范围；2.长江中下游和东方沿海地区，以大汶口、青莲岗文化系统为代表，古代夷僚（越）族系统活动地区，为稻作农业文化区；3.北方沙漠草原及高寒地区，以细石器文化传统为代表的采猎畜牧经济文化，为古代胡狄族系活动地带。他说这是从文化空间地域划分出来的第一个层级，还有第二个层级，是三大经济文化区之间，还有三个中介文化带：1.与淮河一线平行的稻作与粟作农业混交带；2.西南横断河谷文化带，稻作与畜牧中介文化带；3.东北粟作与采猎经济文化带之间的中介文化带，如辽河流域兼有农牧特点的文化。这是对中国新石器时代文化体系更加细化的研究，文中附有详尽的图示与表示。

由实践得出的认识，还要接受实践的再次检验。为着探讨环境变化对人类经济与文化带来的影响，石先生又由细石器文化的研究入手，为考古打开了一扇明窗。他在20世纪70年代还专门组织了一支考古队，在山西中条山一线开展调查发掘，连续几年的工作获得丰硕成果。2000年在《新石器时代考古研究的回顾与展望》一文中，根据考古实践提出21世纪的重点课题首要的是细石器革命与农业起源问题研究，二是考古文化与历史文化的整合研究工作，还有中国文明起源和形成的研究等。在学界习惯于将细石器仅作为一项石器制作技术传统研究的时候，石先生主要根据山西夏县下川细石器遗址的发现进行研究，2002年发表《中国的"细石器革命"及有关问题》（台北），认为中国细石器革命完成于2万年前，发生在中国腹地的山林原野之间，它的传播发展导致种植农业的出现，之后为北部沙漠草原地带不适宜农业文化的采集狩猎文化部族保留。"中国细石器革命具有世界性意义，随着生态环境的变化，华北部分细石器族群追奔逐北的动物群向东北亚和西北美陆续迁移，促进了大亚美文化共同体的形成和建立，使蒙古人种开始向美洲开发和移植。"有了这样的认识，中国细石器文化研究因之有了更开阔的视野。石先生进一步指出："仰韶和前仰韶时代的农业文化是从下川文化晚期的高级采集文化发展而来。"在高级采集经济文化的发展中，孕育了农业文化的萌芽，这就是采集农业的出现，细石器的制作正当此用。这样看来，细石器技术的出现，主要与采集农业有关，而非只是与狩猎活动有关，这一点我们许多人在认识上还没有及时更正过来。

为着进一步探索史前农业的发展，石先生又有了新的筹划，他将在山西地区探索细石器文化的原班人马带到了关中地区，希望通过发掘前仰韶文化遗址来深入了解。他的愿望没有落空，陕西临潼白家村文化遗址的数年发掘获得丰硕成果，石先生将他的研究写成《前仰韶文化的发现及其意义》一文，认为前仰韶文化研究的意义，一是寻找仰韶文化的来源，一是揭示了黄河流域农业文化较早阶段的面貌，为探寻农业的发源地、寻找粟作的起源提供了理论和实践的启示和可能。前仰韶文化的探索，临潼白家遗址的发掘，是又一个田野考古研究范本。初具规模的农业文化，它与采集文化下川文化大约有1万年的时间之差和1000米的高程之差，这正是采集向农业转变的时空段，石先生由此指出了农业起源研究的明确方向。

对于史前考古研究，虽然一般考古学家都刻意回避与传说中的上古史比对，但也不甘于自己构建的考古文化有如空中楼阁一般，说不明白创造者究竟是谁人。石兴邦先生没有采取回避的态度，他很早就将考古文化同上古信仰与传说联系起来研究，他也一直倡导考古与古史的整合研究，只有这样才能构建出中国的史前史来。

石先生关于考古与古史的整合研究，开端于传说时代的信仰问题研究。由于半坡遗址的发掘获得一批重要的彩陶标本，这使先生很早就开始关注彩陶意义的解释。他认为仰韶文化彩陶上的纹饰，是不间断地在一定社会意识形态下存在和发展下来的，是原始艺术创作中"唯一可追求本源的一支，是独成体系的"。1962年在《有关马家窑文化的一些问题》一文中，石先生从彩陶纹饰的演变入手，解释了鱼纹和鸟纹的象征意义。"半坡彩陶的几何形花纹是由鱼纹变化而来的，庙底沟彩陶的几何形花纹则是由鸟纹演变而来的，所以前者是单纯的直线，后者是起伏的曲线。……半坡类型是代表鱼为图腾的氏族部落，庙底沟类型是代表以鸟为图腾的氏族部落。"对仰韶彩陶这样的定义，开拓了一条史前艺术研究新思路。循着这样的思路，石先生对史前艺术题材进行了系统梳理，许多鸟形艺术品引起了他的注意。1989年石先生发表题为《我国东方沿海和东南地区古代文化中鸟类图像与鸟崇拜的有关问题》的论文，全面观察出土鸟形图像，东部和东南地区的鸟崇拜和鸟生传说，概括为三方面的意义：有关图腾崇拜，巫术之灵物，生产活动祭牲。东部以图腾崇拜为主，东南稻作民族则以鸟的精灵崇拜为主，而鸟生传说与图腾崇拜相联系。鸟崇拜可以追溯到7000年前的河姆渡文化，东南是这崇拜最为发达的地区。

对于彩陶的深入研究又让石先生有了新的发现，我们在2008年又读到了他的论文《中华龙的母体和原形是"鱼"》，可以看作是鱼纹彩陶研究的一个总结。他说半坡彩陶上的鱼纹，就是《山海经》有载的陵鱼，或称"猪嘴鱼"，应当是半坡人的氏族神。宝鸡后来的强国，西周还有陵伯铜器出土，应当都与史前部落相关。更重要的是，石先生认为红山文化之玉龙和相关变体，都属于鱼龙系列。由此他主张"鱼龙说"，认为"中华龙的母题和原形是鱼，就是仰韶文化的鱼发展演变而来的"，所谓"鱼龙变化"之说正渊源如此。

由鱼形和鸟形艺术的研究入手，是非常有见地的学术思维。鱼与鸟是艺术永恒的主题，远古时代的信仰，在中国重点体现在这里了，后来他人的一些研究也充分体现了这一点。

与此同时，古史的整合研究也在进行之中。石先生1988年发表《试论尧舜禹对苗蛮的战争》，将传说时代与考古发现进行整合研究，认为"传说是远古历史在人们记忆中的反映，中国国家出现前的这一段史迹，考古与传说是可以互相印证的"。许多上古传说的内容都与早期国家形态有关，石先生推定"中国国家的形成，大概是在龙山文化时期"。而文中侧重讨论了江汉地区的考古资料，认为"苗蛮系统的古老文化是屈家岭文化和石家河文化"，是对应黄河文化的长江文化代表。

对于更早的黄帝传说，2005年石先生有《论"炎黄文化研究"及有关问题》一文探讨。他认为："史迹、文献和考古遗存等多种资源基本是整合的，其内容十分丰富，是我们民族历史文化的库存档案，是我们取之不尽、掘之弥深的文化资源。"2007年他又发表《黄帝与中华民族的形成和发展》，通过进一步研究揭示炎、黄、蚩尤同种同根。他认为中华民族形成的特点，是"一元多支和多支融合而形成""不论黄帝与炎帝，还是黄帝与蚩尤之间的部落融合战争，由于都是一脉相承的种系，具有文化、血缘与人种的同一性"。

正是透过史迹、文献和考古遗存之间的联系，我们可能开展中国文明形成与发展的研究，这中间考古研究是主心骨，考古学者要承担更重的责任。在考古探索过程中，方法论问题也是非常重要的，石先生也在一直强调、一直实践方法论的建设。1993年石先生《中国新石器时代文化研究的逻辑概括》中，就强调要"建立有中国特色的考古学理论与方法，建立有中国特色的考古学文化体系"。他提到四方面的努力目标：1.依地层学原理，由微观文化因素分析入手，确立本体文化、变体文化和异体文化的特征与时空分界；2.要完善层位学研究方法，与类型学研究相结合，使层位学研究尽可能准确规范地接近客观事实；3.建立计算机数字管理系统，管理和处理考古学材料，对过去人类行为和生态进行模拟研究；4.借鉴国外行之有效的理论方法，坚持多学科合作研究。要不断吸收其他学科如人类学、历史学、民族学等学科的成果与方法，大力拓宽学科的思维空间和课题视野。我们也高兴地看到学界在这些方面的努力已经取得明显成果，今后也一定会有更多超越前人的发现与研究成果问世。

一部不断更新的中国史前史，浸润着一代一代考古学家的汗水与智慧。在这些考古学家的前头，可以看到曾经那样忙碌的石兴邦先生的身影，我们应当记住这些用手铲解读历史的不辞辛劳的学者们。

用热情浇灌的三峡故土

——《永不逝落的文明：三峡文物抢救纪实》感怀

以幽险雄奇闻名于世的长江三峡，是一个极富魅力的地方。那里鬼斧神工造就的旖旎风光，吸引了古今天下多少游客。可它拥有的灿烂历史文化，却并不为常人所知，犹如迷蒙中的神女峰，紧锁在层层浓雾之中。在那一片大江滋润的故土，不仅孕育了伟大的屈原和王昭君，不仅留下了传颂千古的李杜诗章，而且还深藏着难以胜数的历史陈迹。三峡地区历史悠久、人文荟萃，是中国远古文化的发祥地之一。独特的地理环境影响了当地人类的产生与发展，形成了具有鲜明特点的、相对独立的文化发展体系。

自从三峡水利工程建设提上日程以后，文物保护的紧迫性愈发突显出来。一晃十多年过去了，富于使命感的中国文物考古工作者应该做什么，做了什么，又是怎么去做的，他们花了多少心血，他们又得到了什么样的结果？就是为着有这么一个交代，为了报告三峡文物保护从规划阶段到实施阶段10年间（1993～2003年）取得的阶段性重大成果，应山东画报出版社之约编写的《永不逝落的文明：三峡文物抢救纪实》出版了。一直领导三峡文物抢救工作的徐光冀先生出任主编，由直接参与三峡一线文物抢救工作的人员撰写，选择了34个有代表性的保护项目，报道了初步成果。这些项目包括地面和地下文物，有城址、居址、墓葬，有石阙、石刻、传统民居，时代由旧石器时代延至明清时期，作者都是主要项目负责人，报道的是第一手资料，是新鲜科学的信息，他们通俗流畅的文字，为我们揭示了在那一片用热情浇灌的故土上所发现的许多古老的秘密。

三峡工程涉及的文物体量大，内涵丰富，工作难度大，投入的人力与时间也是空前的。在制定保护规划阶段，参与工作的有包括大学和科研机构30个单位的300余人。规划报告确定的实施保护项目为1087项，地下与地面文物的比例约为2∶1。在10年间参与三峡文物保护工作的有来自全国各地的近百支队伍，上千名专业人员、上万名工作人员，不分季节、不论寒暑，奋战在田野上，按规划要求完成了任务。

对于每一个祖居大江两岸的人来说，那确是一片难以割舍的故土。库区移民故土难离，考古人也有同感，对他们来说，那也是一片难以割舍的故土。现存三峡库区的文物古迹，是历经沧桑而幸存下来的。三峡发现的文物古迹，包括数十处旧石器时代遗址，其中有罕见的旧石器时代晚期的露天石器制作工场，是解决中国旧石器文化南北分界的重要地区；有百多处新石器时代遗址，是了解峡江内外东西方文化交流的关键地区；有百多处古代巴人的遗址和墓地，包括一些中心遗址和战国晚期至秦代前后的巴王墓地，是解开古代巴人历史之谜的重要资料；又有数十处楚、秦遗址和墓地，标明了外来文化先后进入三峡地区的历史过程；还有近500处汉代至六朝的遗址和墓地，包括了汉代鱼复县和朐忍县县城故址；另有白鹤梁等6处古代枯水题刻，和90处宋代以来的洪水题刻，是罕见的古代石刻水文记录长廊；其他还有数不胜数的唐以后的摩崖造像、碑碣、摩崖诗文题刻，和与三峡自然风光融为一体的近300处明清建筑物，以及古代的栈道、纤道等规模宏大的古代航运遗迹等等。所有这一切都是人类在古代开发和建设大三峡的历史证迹，是峡江重要的文化宝藏。

作为文物考古工作者，最不愿看到的是蕴藏在三峡库区的古老的文化遗产，在短短数年时光中永远失去它的身影。三峡工程是当代最宏伟的跨世纪的文明工程，我们必须从抢救和保护中国古代文化优秀遗产的大局出发，从中华民族的历史责任感出发，抢回已损失的时间，完成好保护三峡库区文物古迹的历史使命。许多考古人都汇聚到三峡，在广阔的战线上挥洒着汗水，抢救着一片片陶片，发掘了一座座墓葬。他们抢回的是一段段历史，是他们才使得那些濒临绝境的宝藏得以保存。

考古人在品味这些发现的同时，没有忘记将这些发现及时报告给大众，要和大众一起来品味。这两年，三峡地区分年度的考古报告和专题考古报告开始陆续出版，现在我们又有了像《三峡文物抢救纪实》这样大众版的三峡考古报告，是一件很值得高兴的事。这是公众考古学建设的必由之路，我们其他的考古项目也应当引以为范例，要及时让公众了解我们在做什么，我们收获到什么，还要告诉大众这些发现的意义之所在。

大三峡留下了如此之多考古人的足迹，它是中国历史上也是世界范围内绝无仅有的文物保护工程。在中国考古史上，这是值得大书特书的重要篇章。三峡文物保护工作还在继续之中，我们相信已然决定进行保护的项目，最终会落实妥善的保护方案，也相信不断会有一些新发现面世。历史就在我们的脚下，历史就在我们手中。那一片大江滋润的故土，不仅是我们父老乡亲世代的故园，也是珍藏历史与文化的宝库。故园与宝库一样令人难以割舍，但又都一样无可保留，在这万不得已之时，尽我们的可能去抢救这座宝库，这是历史赋予我们的责任。

中国聚落考古学研究的力作
——《长江中下游地区史前聚落研究》读后有感

中国近代考古学的诞生和发展，与黄河中下游地区的许多重大发现息息相关。中原及邻近地区以其悠久的历史传统和深厚的文化底蕴吸引了一代代考古学者的注意力，他们以毕生的努力成就了中原地区考古，同时也成就了他们自己。当然学者们偶尔也会将目光投向长江中下游地区，有时也会因那里的某个发现所鼓舞，不过真正的刮目相看，却是在20世纪七八十年代以后，许多意想不到的发现逐渐改变了学者们的视线，也改变了许多关于中国古代文明形成的传统认识。这个变化发生在中国考古学诞生半个多世纪之后，这个视野的开拓，也可以看作中国考古学走向成熟的一个标志。

有许多考古人正是在这个时候响应学科发展的召唤进入了考古之门，我自己正是他们当中的一分子。因为生长在长江圈内，研习考古也正是在长江之滨起步，所以对家乡的考古更是充满了一种别样的热情。想起来大约是二十年前，有感于长江流域史前考古发现的日益增多，觉得似乎可以理出一些头绪来了，于是我花费了许多的精力，全面收集了相关资料，准备做一篇全景式的综合式研究。那回才真是体会到了力不从心的感觉，资料庞杂，时间很紧，预定的研究最终并没有完成，只是将目力集中在一个点上，写成《崧泽文化初论》作为学位论文交了差。全面的研究虽然没有结果，但全面的了解却是已在指掌之中。于是每当长江流域有新的发现，每当有相关研究著作问世，我都会跟着激动一番，受新发现鼓舞，为新成果鼓吹。读罢张弛先生新出版的大作《长江中下游地区史前聚落研究》，就有一种很亲切的感觉，好像是他帮助我完成了一件大事似的。掐指算来，张弛做此文时正当而立年华，恰与我当初筹措同一论题年齿相当，但是我没有做出来，张弛却做成了，而且做得非常好。

　　张弛的这部书稿完成于1996年，是他从师严文明先生时的博士学位论文，后来作了进一步增补修订，这次是列入北京大学震旦古代文明研究中心学术丛书由文物出版社出版。本书洋洋30余万言，附线图109幅，彩图16帧。我有幸在编辑过程中就读到本书的稿本，而且在出版后的第一时间里又翻阅了这部著作，真是一见如故，感想良多。

了解早期文明在长江流域的起源，要通过新石器时代考古尤其是聚落考古来实现。由考古学的途径认识史前时代的长江中下游地区，最早可以追溯到1936年良渚遗址的发现。近半个世纪以来，集中在长江中游和长江三角洲地区有了许多重要发现，现在我们已经建立起较为完善的新石器文化编年体系。在中游地区，早期有万年仙人洞和道县玉蟾岩遗存，中期有城背溪和彭头山文化，晚期有大溪文化、屈家岭文化和石家河文化。在下游地区，早中期面貌不清晰，较晚有马家浜文化、崧泽文化和良渚文化。在江汉地区与太湖地区之间的范围内，也有许多重要发现，命名了一些文化类型，但完整文化序列的建立还有待来日。张弛先生按照早中晚大时段的划分，分别论述了长江中下游地区环境的变迁、区域经济分化与聚落繁荣的过程、区域经济的凝聚与早期文明出现的轨迹，资料完备，论述有序，立论严谨。

张弛参与和主持过一些重要史前遗址的发掘工作，如天门石家河聚落群的综合考察、万年仙人洞和吊桶环遗址及邓州八里岗遗址发掘，他有深厚的田野发掘基础，他的研究并不是由书本到书本的书斋游戏。张弛的导师严文明先生评价本书有几个特点，一是详尽占有资料，二是充分吸收前人研究成果，三是微观与宏观紧密结合，四是对墓葬和居址资料综合研究，五是通过区域分析探讨社会的变迁。了解学生的当然是老师，从老师的评论中我们知道了这本书的分量。

在新石器时代早期农业产生以后，长江中下游地区就逐渐成为中国史前两种农业体系之一——稻作农业发展的核心地区，是与黄河中下游同步发展的自成体系的中国新石器时代另一个最重要的文化区域。张弛这本书的主要内容，就是对这一地区史前农业聚落的发生、发展及变迁情况进行综合研究。他认为长江中下游地区史前聚落的发展经历了以下几个阶段：

新石器早期的长江中游地区，在保持了旧石器时代采集狩猎经济传统的同时，发明了初期稻作农业和制陶业，而且广为继承了旧石器时代的洞穴居住的聚落形式。当时的聚落形式与旧石器时代区分并不明显，人口数量增加也不会太多，基本采取的是血亲亲族的聚居方式。

随着新石器时代中期开始气温的持续回暖，旱作与稻作农业体系分别在黄河与长江中下游地区形成。新石器时代中期由于农业生产规模的扩大，人口数量明显增加，长江中下游地区出现了内部有规划的常年定居村落，较大的聚落有土墙环绕，有明确的居住区、仓储区、墓葬区和垃圾区的划分，房屋与墓葬还没有等级明显分化的迹象。这是氏族制高度发达时期的聚落，具有自然经济特征，聚落间手工业产品的初级贸易开始出现，不同地区的聚落开始出现分化。

到了新石器晚期的前段，人口迅速增长，聚落出现密集化趋势，单体聚落的规模大到有数万平方米。由居住方式证实出现了包括稳定的对偶家庭在内的不同规模的家族，形成了由两个以上家族或氏族公社组成的社群。墓葬的分组和随葬品在数量与质量上的明显分化,手工业生产的以家庭为单位进行,表明最小级别的家庭单位已经有了相当独立的经济与社会地位。

到了新石器晚期的中段,出现了10万平方米以上的大型环壕聚落,聚落内有大规模的手工业作坊区和祭祀区,经济中心与礼仪中心开始出现。由居址和墓葬反映的社会分化已非常明显,表明大型聚落中的社会组织与功能比一般聚落更为庞大和复杂,石器与玉器贸易有了相当规模。

到了新石器晚期的晚段,聚落高度密集,商品性手工业生产规模进一步扩大,出现了一些手工业产品贸易中心。各地区区域文化、聚落和经济在格局上发生了重大改变,出现了以控制领地和资源并兼具防御功能的中心城市。出现了家族墓地,家族公社成为聚落的基本单位,表示权力的象征物得到普遍认可。贵族式经济的发展促进了社会分化,原始农业进一步发展,开始向犁耕转变。两湖和太湖地区形成经济核心区,早期文明形态随之出现。在新石器时代末期,长江中下游地区经济与社会经历了剧烈的变化，传统的聚落随着黄河文化的扩张进入衰落时期，这个衰落正好标志了一个时代的结束。

这便是张弛为我们勾画的长江中下游地区新石器时代聚落发展演变的大体轮廓，这个轮廓是清晰的，也是真实的，这是史前聚落考古研究的一部力作。这也是长江中下游地区新石器考古的一个全面的论述，考古人熟悉了黄土的儿女，再认识长江的子孙，由张弛的著作我们对长江早期文明形成的过程有了概略了解。因为三代文明耀眼的辉煌，学术人过去对黄河文明有一种偏爱，黄河中心论在中国文明起源研究中也就有了立论的基础。其实饭稻羹鱼的长江早期文明也是中国文明重要的组成部分，它在中国早期文明形成过程中发挥了重要作用，长江与黄河是中国文明的父与母。

当然任何考古学结论，其准确性都是相对的，时限性也是很明显的，对于长江中下游地区史前聚落的考古学研究结论也是如此。就目前田野考古资料而言，长江与黄河相比，无论在体量或数量上都存在明显差距，目前要像研究黄河史前聚落那样获得更明晰的结论，会有较大的难度，也就是说我们还要等待更多田野上的收获。也许若干年之后，张弛先生的这部著作又会有重新修订的机会，到那时系统架构会不会有明显改变还不得而知，但我们相信新认识一定会有的，我们也希望他能继续这个课题的研究，不断有新论展示出来。

中西文化大通道上的又一位行者
——读韩建业教授《新疆的青铜时代和早期铁器时代文化》有感

最近有那么一系列的事情，将我的注意力紧紧地引到了那条称作丝绸之路的中西文化大通道上，思绪好一阵子狂野在大西北。

先是"边疆民族考古与民族考古学论坛·2007"筹办伊始，正在考虑设置一个新疆考古的论题，希望交流近年新的研究成果。又是观电视剧《贞观长歌》，唐攻吐谷浑平高昌，设北庭都护府，那一段浓重的历史重现荧屏，让人不由得想起那些旧迹尚存的故城，还有那曾经的滚滚狼烟。再是参观中国西北考察团80年纪念展，那据说是为了开辟一条空中航线而设计的地面考察，我正在疑惑那空前绝后的大队伍全方位的考察，除了气象观察以外，古物与矿产之类的调查似乎与航线并没有太密切的联系。

还有就是审读了一篇研究丝路胡商的博士论文，透过那走过岁月风雨的客商的疲惫面容，让我立时想起了李白们喜爱的来自西域的胡姬美酒，还有风行长安的胡服胡食与胡旋舞。

还有第五件事，就是这里要说到的韩建业教授新近出版的这部著作。当墨香还在飘溢的时候，我读到了《新疆的青铜时代和早期铁器时代文化》。这部著作虽然篇幅并不算太大，不过我还是感觉到了它所具有的特别的分量。

我对新疆考古并无研究，不过倒也还是有些关注。我也曾翻天山，过塔里木，骑着驴儿越大坂走昆仑。我当然不过是看了一阵热闹，虽然有许多的感想，也只是感而未动。遥想当年的斯坦因与斯文赫定们，岁月风雨早已寻不见他们留下的足迹。也是因为外人的介入，新疆考古很早就成了显学，后来陆续有许多的学者为此贡献了才智，贡献了韶华年代。顶骄阳，冒雨雪，餐风披沙，学者们的收获也非常丰硕。现在我又欣喜地看到，中西文化大通道上又出现了一位新行者，他就是正当不惑的韩建业教授。

韩建业师从严文明先生，起初关注的是中原史前考古，后来将注意力转到北方，现在又是笔锋一指到了大西北。他了解中原，再关注四野，也许看到了一些人所不见的景象。我近些年来在筹划边疆考古学科建设的一些问题，主观上以为，做边疆考古应当了解中原考古，不然可能会"不识庐山真面目"。于是我曾连续几次带着研究人员到中原考古工地考察，到博物馆参观，感受那种在边疆不可能有的氛围。可能有人不理解，以为我们有游山玩水的癖好，其实依我自己的体会而言，名山胜地还是不要刻意去游的好，心向往之感觉更美，不然往往会在一游之后雅兴全无，因为名实是有距离的。

新疆的考古工作，有百多年的积累，纷繁的资料，让人眩目。面对这些零散的发现，要理出一个清晰的头绪，并不是一件容易的事。要做这个题目，首先是要有勇气。许多的先行者，有许多的著作问世，还有多少能够下笔的空间？研究新疆考古，不想到这一层不行。想起当初领导要派我到甘青地区工作，我犹豫了一年没有前行，因为我想到了前面的安特生，想到了几代甘青同行，我实在没有那个勇气，我不知在那个地方我还会有什么作为，我怕白耗了宝贵的光阴。我很佩服韩建业，佩服他的勇气。也许正是有了雄厚的基础，具备了恣意纵横的能力，所以做起各项研究来，都那么得心应手，都有佳作问世。这次做新疆早期考古这个题目，韩建业也获得很大成功，我以为成功首先在于他的勇气。说他的著作有一种特别的分量，这分量首先指的是他的勇气。

新疆考古历来备受关注，自然是因了贯通欧亚的丝绸之路的研究。虽然那丝路上有说不尽的话题，又因为有了许多时代更早的发现，于是又有了前丝绸之路的探索。《新疆的青铜时代和早期铁器时代文化》一书，探索的就是前丝路。

严文明先生在序言中说，这是第一部研究汉代以前新疆历史的考古学著作，仅此一条，就说明了著作所具有的又一种分量。就新疆地区考古而言，虽然已经出版过几部考古发掘报告，也有若干学术研究论文，但还没有一部系统研究该地区青铜时代和早期铁器时代文化的专著。从这一点看，这部著作更凸显出了一种开拓性，我以为可以看作是这类研究的一个阶段性总结。

以往发表的关于新疆青铜时代和早期铁器时代的研究论文,一般只是涉及某个遗址或某个方面的局部资料,而着力于全疆范围的考古学文化谱系的研究相对较为缺乏,这制约着对文化交互关系、历史地位等重要问题的进一步探讨。本书是首次全面梳理整个新疆早期所有考古资料,进行了细致的综合研究,理出了比较清晰的头绪。边疆考古不同于中原,一个仰韶文化的分布范围就可以跨越几个现代省区,而边疆是一个省区同时会分布着若干考古学文化,错综复杂的文化面貌使得谱系的研究难度会大得多。韩建业新著的分量,于此也有充分的体现。

编年学研究是考古学基础研究,对于新疆地区考古学文化的编年,以前多主要以碳十四数据、铜铁器等的有无及多少或是与周邻地区文化的关系作为年代判断依据,缺乏建立在类型学和地层学基础上的分期研究,在研究方法上存在明显不足。本著作的分期研究立足于新疆本土的发现,以考古类型学和地层学作为基础,研究方法正确,结论也更为可靠。研究所确定的大致年代分期框架,为以后进一步深入研究史前新疆奠定了一定的基础。这方面的研究体现出作者所具备的扎实的基本功,这应当是名师严格训导的结果。

本书还有一个值得关注的亮点,是辟专章探讨了考古学文化谱系和文化之间的关系,作者立足于新疆,又放眼整个欧亚大陆,视野非常开阔。作者着力揭示的丝绸之路出现以前东西两大文明在新疆碰撞、交流的过程,对进一步认识东西方文明的特点及其发展演变有着重要意义。近些年来新疆地区的考古学研究,其实已经突破了丝路的概念。研究者们往前追溯,发现还有更早的青铜之路、彩陶之路、玉石之路、羊马之路和麦子之路。韩建业所关注的是"铜铁之路",这也是他在本书中用力最多的方面。

读罢本书,我还感到有一些小小的遗憾。作者如果在吸纳人种学研究成果方面,再能展开一些,或者辟出专章深入讨论,也许会为他的著作增加一些光彩。考古学文化的传承与互动,在新疆地区来说与种族的移动密切相关,韩建业也注意到了这一点,只是在文字上感觉不太突出。另外本书的插图应当说编排是不错的,但稍觉不足的是半数以上的图幅过小过紧，虽然显得比较精致，但阅读起来觉得有一种局促感。

我们知道考古学的结论，通常会有一些局限性，也就是说在一个时限内，很难判断一位学者在多大程度上掌握了真理。这是因为，我们据以举证的资料总是有限的，它是以现有的发现得出的判断。新的发现有可能会丰富已有的立论，也可能会打破这些立论。我希望以后的发现能丰富韩建业教授的研究，也许未来有人会超过他，不过不要忘了他的著作所作出的贡献。

有见地的学者，不会指望自己的见解永远确定不移，学术的发展就是这样，后人总要超越前人。以新疆早期文化而论，至今已有的发现仍然显得比较缺乏。我相信那里应当有过发达的史前文化，如果在基本明晰当地的史前文化面貌之前，要想对后来青铜文化发展的脉络有准确的把握，那难度是可想而知的。近4000年前欧罗巴人就在新疆腹地生根了，可以想象那里一定早就有什么吸引着他们，可以肯定吸引他们的不会是我们今天眼见的这等荒漠，新疆一定有作为自己根基的史前文明。我们存有一线期盼,玉石之路与青铜之路露出端倪之后,接着呈现的可能是彩陶之路或者其他的什么路。一旦有了突破性的发现,也许最关注的学者中韩建业就是其中的一位,他应当会有解读这些发现的新作问世。

我们的希望,还寄托在中西文化大通道上未来的行者们身上。

解读地书　检校天罡

——冯时《中国天文考古学》品评录

考古学与天文学的确称得上是天壤之别了,我们难道能在黄土之下找到数千年前的星斗吗?如果真的如此,那么是什么促使古人将自己的骨骸与星宿埋葬在一起呢?

为寻找这些答案,我们就不能不回到我们祖先的世界中去……

一旦这些事实变得清晰可察,我们便会承认,中国天文学的历史比我们习惯上接受的狭义的文明史要悠久得多!

这是冯时先生写在《星汉流年》一书中的一些句子。那本书是他研究中国天文考古的心得,虽列入普及读物,却又有很学术的感觉,我曾仔细读过。虽是读过,却因为天文学知识的深奥，还没有来得及消化多少。可能有许多的人还没有来得及去读冯时的那本书，最好先读一读它，此后再读他的新著《中国天文考古学》，也许会有更好的感觉。我觉得对于一些接受起来比较困难的学问，要有循序渐进的方略，不然的话，囫囵吞枣，不仅难得真味，还容易败了胃口。

可能是因为我细读过他的《星汉流年》，冯时又嘱我读读他的《中国天文考古学》，看能不能有些新的感受。一部新的著作摆到了我的面前，它较之《星汉流年》，已是今非昔比，洋洋洒洒30余万言，插图也有300幅之多。读罢之后，我还真有些想法要写出来，想着应当找个机会将它介绍给读者，所以就开始写这个评介。当然有一点我是明白的，我虽对天文多少有些兴趣，但却素无钻研，这篇评介文字也可能对冯时的学问介绍得不怎么准确，那就得请读者自己明断了。

天文学的神秘会吸引许多人，但它研究的对象是那样高远，却又让我们不得不望而却步。有时愈是神秘，会愈加撩人，我正是因了冯时的著作，又一次受了那神秘境界的缭绕。这么一而再,尽管是懵懂不敏,但我在冯时的书中多少会有所感悟,可以感悟辽远,感悟新奇,但也可能只是凑凑热闹而已,未必会学得多少真正的知识。至少我有这样的感受:冯时慧眼独具,他解读的是地书,检校的是天罡。这内里的学问,一定是很大的了。

读罢冯时的书,我最突出的感受是,其实寰宇中的星辰离我们也并不遥远,至少它有古时的画影藏在地下,它有太多的故事存留在人间。在幽闭的古墓中,在斑驳的古董上,偶尔能寻到昨夜星光的灿烂和日月的辉煌。这些埋藏在地下的日月星辰,是古人识天的证迹,寻找并诠释这些识天的证迹,应当就是天文考古学立足的主要支点。冯时正是由解读地书入手,发现了许多这样的证迹。他也正是在解析这些证迹的过程中,检阅了遥远的天穹。

冯时的新著《中国天文考古学》,是一部全面研究中国天文考古学的著作,而且多有发现,多有发明。作者对新石器时代北斗考古遗迹的揭示,对史前律管的认定,对中国史前天文学授时体系的重建,对殷商卜辞记录的几次交食准确时间的考订,对中国传统天官体系和星象体系形成过程的论述，对中国二十八宿体系起源的考证，对长沙战国帛书的重新解读，对四象起源和发展轨迹的推导，对古星图发展历程的论说，对早期盖天说形成过程的考察，对原始天数观的解说，对早期天文仪器产生的探讨，都有重要的发现和发明，这些问题涵盖了中国天文学史的一些最重要的层面。例如，作者在阐述中国古代天文学中北斗建时的理论时，考证了考古学在黄河长江下游地区发现的一系列北斗遗迹，重建了新石器时代的天极与极星。同时作者还从先秦两汉文献中证实了中国传统文化中以猪比附北斗的观念，结合新石器时代礼器上以猪图形为母题的发现，认定这一观念起源非常古老。又如，作者通过新石器时代发现的大量具有盖天形状的遗物特别是红山文化的三环石坛遗迹，结合文献记述复原了早期盖天理论所认识的天盖形状，就早期天盖图的设计论证了先民所掌握的纯熟的天文学知识。作者以考古学、甲骨文与金文、史籍、民族学作为史料基础，运用多学科知识和方法，较为系统地研究了自新石器时代以来的天文考古学问题，揭示了古代中国在天文学领域取得的重要成就，并涉及天文学起源与文明起源的相互关系。

　　天文学是人类最早构筑的知识体系之一，中国天文学更以独特的体系丰富了人类知识宝库。研究中国古代天文学所取得的光辉成就，考古学是一个不能缺少的途径。中国天文考古学作为研究天文学史的一个重要手段，虽然肇始于20世纪之初，但进展较为缓慢，最近二三十年来才有了较多突破性发现，其中包括有冯时的许多创见。冯时为构建中国天文考古学体系，进行了许多成功探索。本著作的出版，将是中国考古学分支学科中国天文考古学体系建立的一个标志。

　　还有一点我要说的是，在本书中品味中国古代天文学成就的时候，我感到冯时为我们讲述的不仅仅是天文学知识，他还让我们重新认识到先人心灵与星辰的碰撞，认识到他们是如何在浩渺的星空中找寻到自己精神的支点。正像冯时在自序中所说的："中国古人对天的景仰和畏惧使他们留下了大量的相关遗迹，这些遗迹不仅是一种物质的留弃，同时也是精神的留弃，它可以帮助我们从一个新的角度审视我们的文明史，这便是天文考古学的意义所在。"

《中国天文考古学》是中国天文考古学的第一部专著，作者利用考古学资料和天文学知识，对中国古代天文学的方方面面的创造进行了系统阐释，为揭示中国古代文明起源的轨迹开拓了新视野。作者凭借自己较强的学术功底，凭借着他的聪敏与勤奋，对大量考古学材料进行了天文学的诠释，观点新颖，创获颇多，论证有序，论据可靠，文字通达。我们知道，有许多相关的考古资料，没有天文学知识修养，是无法解释的。这也启发我们，一个考古学家应当具有比较全面的知识素养，如果没有相关的知识素养，其他大量的考古资料也许因为无法诠释而成一时半会解不开的谜团。

做学问需要勇气，我真佩服冯时的勇气，读他的书让我感到，他似乎并不是在做学问，他是在攻克一座座堡垒。我知道他的身体并不允许他这样付出，他的这种治学精神很值得我学习。从一部《星汉流年》普及读物，到现在的《中国天文考古学》学术专著，冯时像是涉过了条条小溪航行在浩荡的大川，又像是穿越了重重尘网遨游在缥缈的苍穹。冯时不仅由地下的发现解说了天空的许多秘密，他还为年轻的考古学者们作出了一个示范，中国考古学还深蕴着许多的研究领域等候着有志者去开拓。

游走在考古学、历史学和民族学之间
——《考古学民族学的探索与实践》读后有感

读了四川大学出版社 2005 年出版的文集《考古学民族学的探索与实践》，有一种少有的亲切感。原因有二，首先是作者全都是我熟识的师弟，他们是四川大学 1978 级考古班的学生。这个班是四川大学考古学教育的骄傲，他们中的多数人都活跃在考古学的前沿，而且大都卓有成就。其次是文集收入的文章，也都是我所喜爱的，文章的选题与视角都有独到之处，读过之后，有一些特别的感受与思考。

正像文集前言所说，四川大学考古学专业的奠基人冯汉骥先生（1899～1977），是运用现代考古学与民族学知识来研究中国古代社会的先驱者之一。冯先生曾在美国哈佛大学研究院研习人类学，他最早是人类学、考古学、历史学"三者并治"，最后才将研究重点逐渐转入考古学。

冯先生在民族学（人类学）方面的高深造诣及其在考古学上的运用，都给予后世学人以很大的影响。在处理民族学与考古学的相互关系上，冯先生在《考古学通论·绪论》中有过一段十分精辟的论述："原始古物通常属于文献资料还不存在的时代，但是在这里，民族学材料有其特殊意义。因为迄今在现代原始部落中，尚存在的（或不久以前还存在的）许多文化现象，能够帮助我们研究原始时代的居民的生活。考古学和民族学常常能够互相补充。民族学家研究的残余，对于考古学家不仅在研究原始古物，而且在研究封建时代的古物来说，都是很重要的一方面，考古学家能够帮助阐明民族学现象的起源和发展。"这就是说，民族学方面的材料和方法，不仅是认识考古学材料不可或缺，而且还应当是考古学者知识结构中一个重要的组成部分。也可以反过来看，考古学材料对于民族学家认识古代民族现象，也是重要的资料。

如何看待考古学与民族学（人类学）、历史学之间的关系，如何将考古学和人类学的理论在科学研究中进行具体的实践，许多研究者都在努力探索，尤其是在多民族的西南地区，努力的成效更为明显一些。作为冯先生后学的童恩正先生（1935～1997），就长于利用考古资料研究西南地区古代少数民族，他多次亲自参与田野考古调查和发掘，对古代"西南夷"的巴蜀文化、滇文化、夜郎文化都有比较深入的研究，他的相关论文收入《中国西南民族考古论文集》。身处大西南民族地区的沃土，深受先师民族考古传统熏陶的四川大学的考古学子们，取得了一批又一批重要的研究成果，收录在《考古学民族学的探索与实践》文集内的许多论文都是考古学与民族学兼治的结晶。如徐学书《论"三星堆—金沙文化"及其与先秦蜀国的关系》，罗二虎《岷江上游石棺葬发现和研究的回顾与思考》，罗开玉《西南民族墓葬与灵魂不灭观初论》，梁太鹤、曾令一《贵州夜郎考古研究》，荣远大《北周文王碑的几个问题》，霍巍《唐代的胡从俑与唐代的中外文化交流》，范勇《骆越考》，谢崇安《鸟居龙藏博士与中国的考古人类学》和张建世《民族民间文化遗产的认定初探》等文，在民族学（人类学）、历史学与考古学结合研究方面，都有新的建树。当然收录在文集里的论文也还有旁及其他学科的研究，如叶茂林《青海喇家遗址一些问题的思考》论及古环境对古文化的影响等。

对于考古学来说，民族学（人类学）与历史学，有着非常密切的关系，也正因为如此，才有了"作为人类学的考古学"和"作为历史学的考古学"之争。有人曾经说，一个考古遗存或者一个考古学文化，既存在同时共存的空间分布现象，又存在历时变迁和发展关系，考古学家要在历时事件中复原和研究共时现象，历时研究和共时研究分不开。强调共时研究的人类学和强调历时研究的历史学各有特色，考古学显然兼有二者的特点，它因此被称为"人类学中的历史学""历史学中的人类学"。考古学既然是兼有了人类学与历史学的特性，所以也难怪西方学者一般将考古学当作人类学的一个分支学科，而中国学者则一贯主张将考古学当作历史科学。我们不能简单地评说其中的是与非，两说都有可取之处。

西方学术中的人类学有体质人类学和文化人类学两个主要分支，文化人类学又分为民族学、考古学、语言学等。将考古学纳入人类学体系，那也是因为考古学与民族学（人类学）之间密切的联系。它们的研究方法有很多相似之处，都重视田野工作，所不同的是，人类学研究的是可以直接观察与交流的现实事象，而考古学研究的却是交叠破碎不能言语的历史陈迹。一今一古，界限分明。

考古学研究的虽然是已成为历史的文化，但考古学家面对的只是并不完整也不连贯的一些场景或细节。考古学家解释这些场景或细节，不可避免地要向人类学靠近，人类学研究的是鲜活完整且连续的场景，人类学家可以相对轻松地进行阐释，不仅能得出比较准确的结论，而且更容易上升到理论层面。研究与古代一脉相承的尚存的文化现象，是理解古代文化的一个可靠的途径。人类学家正是作了许多的努力，希望在现实中找到打开古代之门的钥匙，这其实是在帮考古学一个很大的忙。当然也不能说人类学的理论与实践全都是正确的、可取的，考古学家也不必盲从。考古学自身也以人类学欣羡的层出不穷的物证，给予人类学丰富的滋养。有了考古学作支撑，文化人类学才真正有了揭示人类文化来龙去脉的机会，才有可能全面了解人类文化的历史发展过程，人类学的根本目标才能完整实现。

按照我们的学术传统,考古学与历史学更是不可分离的兄弟,它们的目标大致相同,都以揭示人类社会的历史发展规律为己任,所以夏鼐先生将考古学与狭义历史学比作车之两轮、鸟之双翼,缺一不可。传统历史学主要是从古代文献中发掘研究资料,随着考古学的发展,历史学也越来越关照考古学,历史学一些关键的研究领域离开了考古学就会一筹莫展。就历史考古学而言,考古学与历史学更是难分彼此。

历史学比起人类学和考古学来,它自身的历史要古老得多,它们本来是同宗同源的,没有将它们对立起来的理由。写到此处,冷不丁想起了俞伟超先生,记得他在生病前的两年,曾经酝酿着办一个新的学术杂志,就是要将考古学、历史学与人类学熔于一炉,主要还是希望为考古学的发展搭建一个全新的平台。斯人已去,宏愿尚存,不知何时会有这样的杂志摆到学人面前?

其实,与考古发生瓜葛的学科,远不仅限于历史学与人类学,考古学的许多方法都来自地质学、生物学、物理学、化学等自然科学,这也是它被理解成是一门边缘性学科的原因。有的学者已经注意到,从某种意义上说,考古学正在成为一个多学科的汇合点。考古学的内涵越来越复杂了,新思潮导致新考古学流派陆续出现,与其他学科交叉渗透导致新的分支学科出现,考古学呈现出多样化发展的趋势。事实上只要可能,考古学是可以将全部人类的知识体系都包容在内的,但我们却又不能说考古学是"边缘性学科",如果让那些分支学科都独立出来,它们都会是独立性很强的学科。

考古学在中国发展已过百年,比起它的童年,已经有了许多的改变,相信还会有新的改变。当然改变的如果是方法论层面,一般还比较容易接受。如现下当红的所谓科技考古,其实就是科技手段在考古上的运用,严格一点应称为考古科技,这是方法上的完善。考古学从一开始就在不断引进其他学科的研究方法,包括传统意义上的地层学和类型学,整个的考古学都可以说是科技考古,看来科技考古这个词似乎显得有些多余。考古学方法论本身就是一个杂交体,从一开始就是如此,而且还在不断丰富完善，从这一点上说，考古学没有纯洁性可言。不过，考古学不是百变金刚，它有自己的发展方向。

如果说在20世纪结束时学术界对那些游走在考古学、历史学和民族学（人类学）之间的学者还颇有微词的话，那在考古学几乎每天都有改变的今天，在学术氛围有了明显改变的今天，会不会略微宽容一点呢？

赋闲随想

让往古从往古走来

《华夏文明探秘丛书》经过多年的筹划运作，从3年前开始陆续出版，现在已出版了40册，印数达到2万套。丛书出版后引起了一定反响，在获得一些重要奖项后，不久前又获得全国图书最高奖——第11届中国图书奖。此刻我才真切地感觉到，我实现了一个愿望，一个多年的愿望，我很高兴。我知道这不仅仅是我一个人的愿望，所以我也为和我怀有同样愿望的人们高兴。

操作这套丛书的念想，最早萌发于10多年前——那是当我在乡曲考察展示石器而农民不识之时，是当我读到其他学科优秀普及书刊而深受吸引之时。一般的人并不知道，往古就在他们的田畴里，他们的犁耙年年都在翻动昨日的梦幻；往古就在他们的脚下，他们的房舍就建筑在先人的千年废墟上；往古就在他们的手中，也许一不留神就会将本来残断的史迹撕得更加破碎。要让人们进一步认识自己的根，保护自己的源，需要我们的学者架起一座通畅的桥梁，将迷离的往古真切地运渡到大众面前。我想到如果有这么一套普及丛书，它就是这样一座最好的桥梁，于是一个念想出现了，我想花些力气与同行一起来完成这架桥工程。

规划类似的工程，我并不是第一个人，我手中就有一套20世纪50年代中国科学院考古研究所留下的规划纲要，老一辈学者当初就在运筹编写大型考古普及丛书，不知道为何没有了下文。我是正在酝酿丛书选题时看到这个规划的，由此我已经感到了一种沉重，知道面前是一个前人没能跨越的难关。

待到正式拟定丛书选题与若干出版社磋商，前后经历了四五年的时间。一个朋友刚刚将我的构想介绍到某一出版社，又有另一个同行将我的创意推荐到另一个出版社，先后几位社长总编虽然表示了极大兴趣，却没有把握决断，没法预测图书市场的反响会如何，图书出版一再搁置。到了1995年岁末，我拟定百多个选题的丛书书目由当时并不相识的学者转到了四川教育出版社。这一次算是找到了家门，丛书很快便被列为四川省重点图书选题和争创"五个一"出版规划。终于在半年之后的1996年夏季，丛书一次就推出了20部，速度之快，让我深感意外。

最初参与丛书前两辑20个选题写作的作者，表现了极大的热情，有的在签约后两三个月就拿出了上乘的稿本。想起那时翻阅面前一摞摞稿件，每每读到作者们的神来之笔，都让我兴奋不已。后来作者队伍渐渐扩大，在分布京内外的40多位作者中，大部分为中青年，也有一些资深研究人员加盟，除了我相识的，还有一些自荐或由他人介绍参与进来的，这对我是一个很大的鼓励。在此我要真诚地道一声：谢谢你们，诸位和我一同走过的作者！

我在阅读丛书第一批样稿后，心里久久不能平静，激动中草成了一篇题为《我们一起寻根，我们共同探源》的总序，其中许多句子都是我对前辈学者和当代学人的真诚赞美，我为他们的成就自豪。他们所做的就是揭示古代已为普通读者所不知晓的那些秘密，我与丛书作者所做的则是将这些秘密再次解密，让往古从往古走来，由《华夏文明探秘丛书》的桥梁明明白白走到广大读者面前。

此刻我高兴，高兴并不是为获奖一事小有所得而沾沾自喜，而是为我与作者们的努力所受到的国家和社会的承认。丛书的成功出版，也许有许多事情需要冷静地思考，但有一点很重要的感受让我不能冷静，那就是社会对我们这种努力的需要与企盼。我们不必为自己因分切了这点精力给广大读者后少取得一两项科研成果而懊恼，我们年少的读者中或许就包括有未来卓越的文物考古学家，他们会站上我们的肩头去采摘更大更美的果实。也许丛书真能捕获到下一个世纪的文物和考古学家，相信这并不是奢望和梦想。

让往古从往古走来，让学者们的学问由象牙之塔走出来，这样的努力还需继续。

原刊《中国文物报》1999年5月12日

中国考古日：让我们一起去访古

全世界有许多考古人，全国有许多考古人，但是比起其他学问行当来，考古学的从业者只能算是个小众群体。全国真正从事考古的专业人员，数千人而已。我们不仅是自以为做着很重要的学问，一般地球人也是这么认为，但我们并不是孤寂的守望者，而且这学问可以与每一个人都拉起联系来，这样一想，就更让人觉得重要非常了。

重要固然是重要，但要让大众真正理解考古这个行当，理解考古之于大众的联系，理解考古人，还有许多事情要做，还有很长的路要走。我们首先需要纠正的一个观念：考古只是考古人的事情，与大众无关，与其他学科无关。考古不仅仅是冷僻的学问，也不能仅仅是考古人的学问。它与许多学问和学问家有关，也与大众有关。考古人比较缺乏与其他学问家和大众沟通的通道，我们现在议论的中国考古日,应当是一个让人期待的交流方式,是一个标志性的方式。

中国考古日应当有与考古相关的丰富活动,这些活动的目标,就是由考古人引导大众一起去访古,一起去观赏真实的历史风景。让我们开放姿态,开放现场,欢迎大众有组织地到第一现场观摩,还可以让他们的代表充任志愿者参与发掘。还要让大众体验考古成果给他们带来的快感,设计场景与工坊,真切体验衣(如织布)食(如陶烹)住(如立柱)行(如造车轮)演进的历史感觉。还可以举办系列主题考察活动,如古都考古之旅、丝绸之路考古之旅、古陶瓷考古之旅,等等。我最近在做一个考古旅行策划案,这样表达考古人的心意:

> 考古人引领你穿越时空,一起到古代去旅行。一起进入考古现场,踏上古人生活过的废墟,去欣赏他们创造的奇迹,去发现他们留下的足迹,去寻找他们埋藏的故事。
>
> 考古人带你到遥远的史前旅行,去访问仰韶人

的居址和红山人的祭坛，欣赏彩陶文化，踏查玉器藏地，查考中华文明的源头。

考古人带你到传说中的尧都去旅行，带你去夏王朝都城遗址探寻最早的中国，到商王的都城去考证甲骨文记录的历史画卷，到周王都城观赏周天子的宝马香车，一起领略青铜铸造的早期中国文明。

考古人带你到秦始皇陵去检阅一统六合的军阵，到汉长安与汉帝陵去探秘，到汉魏洛阳城遗址去瞻仰，一起辨识秦砖汉瓦，感受帝都的恢宏和帝陵的巍峨。

考古人带你到曹操邺城三台去旅行，探访扑朔迷离的曹操高陵，温习跌宕起伏的三国故事。

考古人带你到大唐长安去旅行，到隋唐东都洛阳去观光，泛舟曲江与太液，探视天堂与明堂，品味壮丽的宫室建筑，回味悲壮的宫廷故事。

让大众享受考古，消费考古，从考古的途径吸取传统文化能量，更大限度发挥考古活动及成果的社会效益，也是考古人的社会责任之所在。

考古日还应当特别关照少年儿童,多设计一些符合他们特点的活动模式。儿童是颗种子,拥有了考古基因的种子,也会反哺考古的吧。

给考古人回馈社会的一个新机会,考古日就是这样的一个机会。给大众了解考古的一个理由,考古日的行世就是这样一个理由。

在中国,建议每一次考古日我们还应当纪念一位考古人,他可以是一个杰出的学人,也可以是一个取得某一项突出考古成就的人。今年的考古日,我建议纪念古代先贤风胡子。晋袁康著《越绝书》,里面记有风胡子与楚王的对话,风胡子向楚王讲述工具兵器演进的历史,他说:"轩辕、神农、赫胥之时,以石为兵,断树木为宫室,死而龙臧。夫神圣主使然。至黄帝之时,以玉为兵,以伐树木为宫室,凿地,夫玉亦神物也,又遇圣主使然,死而龙臧。禹穴之时,以铜为兵,以凿伊阙,通龙门,决江导河,东注于东海。天下通平,治为宫室,岂非圣主之力哉?当此之时,作铁兵,威服三军,天下闻之,莫敢不服,此亦铁兵之神,大王有圣德。"风胡子说了以石为兵、以玉为兵、以铜为兵和以铁为兵四个前后接续的历史阶段,整体框架就是现代考古人研究的石器时代、铜器时代和铁器时代。

风胡子是最先提出准考古学概念的先贤,是中国考古人的祖师,值得在中国考古日第一个纪念他。

虚拟考古：小众与大众连通的多彩纽带

在中国，考古距离公众有多远？

这个距离在100年前无限远，在50年前相当远，在30年前开始有近的感觉，10年来越来越近了。到了今天，这个距离已经是相当接近了，有许多面向大众的考古出版物、纪录片、电影、音乐剧，还有免费开放的博物馆、考古发掘工地、模拟考古场所，等，都是向公众敞开的一扇扇大门。从新近落成在都市中的一座虚拟考古体验馆，我们可以充分体会到这种距离感消失的速度。

这是四川省文物考古研究院在成都筹办的一座虚拟考古体验馆，体验馆的开张受到市民的热情追捧。人们觉得比起在博物馆去了解考古，这里没有一件文物的虚拟展示更加生动有趣，更能打动自己。在展示面积并不算宽敞的考古虚拟馆中，主要包括了动漫放映、古墓导览、互动游戏等几个内容，每一个内容都有相当吸引观者的精彩之处。

自认为最有看点的是动漫，编剧、绘制创意都好。看上去是给少儿讲的考古 ABC，其实涉及的所有考古知识点同样也适用于成人。内容主要包括了考古在田野的一般工作方法，通俗解析了地层学与类型学原理；还有考古资料信息获取与资料整理的一般方法和考古学的扩展研究方向，还有现代科技方法的应用，等等。看罢这样一部短片，观众对考古的神秘感会明显淡化，能体会到考古就是实实在在解读地书的学问。我以为这部片子给初入考古之门的大学生放映，效果一定也会不错，它比起老师在课堂上一板一眼地宣讲生动多了。

古墓导览设置在一间方形房子里，用投影营造出一个古墓空间，身在其中，就像进入一座古墓中探访。投影动画将墓壁上的雕刻一幅幅解析，艺术特征与象征意义解说简单明了。这种接近于 3D 又更加简便的展示方式让人耳目一新。

体验馆中互动的环节主要有两项，钻火和打火，一是虚拟体验，一是实际操作。观者在木头上象征性搓动小木棍，电视屏幕上会实时显示火花、冒烟和燃火的画面，这体验的是古代的钻木取火方法。打火则是直接用火镰击打火石，让冒出的火星将棉麻点燃。这样的互动实际是向观众展示了考古研究的实验方法，也是人类学研究方法。

从这个体验馆出来，回头一望，高大怪异楼宇笼罩下的这座小巧的建筑，已经收入镜头中。这是考古小众学科连接大众的多彩的纽带，也是由现代进入古代的时空走廊，考古距离大众是越来越近了。如果花20分钟在体验馆认真看过一遍动漫考古ABC，等同于上了一次生动的导论课。据说每天接待有300人，一月就有近万人，一年下来就有10多万之众，那就是现在全国考古从业人员的总和了。这样看来，一个小小的考古体验馆，真是功莫大焉。

从体验馆出来，我与考古虚拟体验馆的策划者高大伦院长有简短的一席谈话，了解到一些具体筹办细节。在很短的时间内，在并不宽敞的场地内，有这样精巧的设计，从内容到形式都有创新。这座虚拟考古体验馆无疑开拓了公共考古一片新领域，引领了近年日益受到从业人员重视的普及考古新潮流。

中国最早以考古为职业者，数人而已，一般大众不知考古为何物。发展到今天，真正的从业者也可能超过不了1万人，这是个明显的小众学科。即使将高校考古与博物馆毕业的全部本科生都算上，一年也只培养有数百人，近几十年培养出的学生总数也很难超过1万人，何况很多人都改行他就了。再扩大一点计算，像河南这样的古物埋藏丰富的省，文物考古及辅助从业人员全数约为6000人，如果以每省区5000人为均数，全国也就10多万人。就是这样一个数字也还是要打点折扣，至少有1/3的人应当并没有接受过专业训练，也没有真正从事专业研究。

极少数人从事的考古，偶有惊人发现，对公众而言可能很不容易理解，长久形成的隔膜让考古很容易被误解，也很容易被神秘化。让公众了解考古、学习考古，乃至消费考古，考古人逐渐认识到了自己的义务与责任。在四川我们不断会有一些新感觉，感觉到了变化，虽然变化在开始时还比较缓慢。四川的考古机构与博物馆做过许多学术普及工作，出版过成套的普及读物，编演了大型音乐剧，举办了太阳节，开动了大篷车，这次又推出了体验馆，步伐非常扎实，效果非常明显。虚拟考古虽然与实境存有很大区别，但在都市大众不可能随意进入考古现场的境况下，应当是一个非常合适的学习和了解考古的形式。

一个小众学科，逐渐成了显学，逐渐为公众所了解，我们已经迈出了坚实的一步。其实考古应当是最能为公众理解的学科，它所研究的是人类的过去，过去与现代保留着千丝万缕的联系，过去的事物最容易引起现代人的共鸣。我甚至觉得，较之物理学与化学，甚至是音乐与美术，考古还要更加贴近大众一些。从一定程度上判断，也许是考古人自觉不自觉地设定了封锁线，这个责任归我们自己来承担。

考古学要发展，写好公众、公共、大众这样的关键词，越来越成了必须走的一步了。我甚至相信，未来可能会有考古学家就是由这个体验馆走出了关注考古的第一步，兴许还会有响当当的考古学者由此处由今日开始成长起来。当然让公众关注考古，这只是公共考古的一个内容，我们要做的事情还有很多，后面还有很长的路要走。

彩陶：史前人的心灵之约
——"大河上下：黄河彩陶大展"观展感言

有一种古物叫作彩陶，这是现代人给出的称呼，它们大多出现在遥远的史前时代。作为一个事物的名称，彩陶对于一般人而言，接受起来也许不会十分顺畅，感觉不知所云何物。彩陶与彩电一样，都是外来语汇的汉化版，不是我们传统里寻得见的。从前没有彩陶这个词，但彩陶却是早早就为我们拥有了。在陶器上绘出繁简不一的纹样，显示出独特的时代与地域风格，这便是考古发现的彩陶。

科学与艺术，是社会文化发达程度的两个重要标志。科学让物质变化，艺术使精神升华，艺术较之于科学，是更难理解的人类创造。彩陶是艺术加科学的一项创造，陶器制作技巧和彩陶构建的艺术原理传承至今，惠及我们当今的科学与艺术，我们却将它们产生的时代划归野蛮时代，也许是我们的归纳法则有缺憾，抑或是别的什么原因左右了我们的思维。

一

先人们凭借怎样的智慧制作出来这美妙的艺术品？这样的艺术品又传导着怎样的信息？西安半坡遗址出土的人面鱼纹彩陶，我们现在给出的解释答案有二十多个，也许其中有一个是正确的，但对于它的论证却真的很不容易。我们解读彩陶，一般会就某一件彩陶的图案找出一些可能的解释，见仁见智，缺乏全面了解。当我们再深入一些，多多查考一些资料，在对实物有了更多观察之后，认识就会更深一层。当我自己在西北地区进入几个文物库房，看到那些未及上架堆积如山的彩陶，除了惊诧就是茫然，觉得该下多大的功夫才能读懂它们呀？西北地区出土彩陶数量很多，有时会在一座墓葬中发现一百多件用作随葬器的彩陶。画出如此多的彩陶做什么？在某一时期流行同类纹样，仅仅是为着艺术欣赏吗？要解读彩陶的原本含义，须得进行时空的纵横梳理，了解它的演变与传承。

进行彩陶研究最关键的一点，是全面了解资料，构建好彩陶的时空坐标。多数彩陶纹饰不会只在局部区域孤立存在，也不会毫无改变地延续存在千百年，都会在时空分布上产生变化。在一个考古学文化中，彩陶会在这样的时空变化中，逐渐形成一个严密的体系，把握住这个体系的运行脉络，我们也就等于掌握了解读彩陶奥秘的钥匙。如庙底沟文化彩陶就拥有自己的体系，它以自己的方式维系自身的发展，也同时影响到周邻几个考古学文化彩陶的发展。庙底沟文化彩陶引领了史前艺术潮流，它作为成熟的艺术传统也为历史时期艺术的发展奠定了坚实的基础。

在彩陶研究中，我们首先会急于确定一个图案像什么，然后就赋予它包含的种种含义。例如见到一个圆形图案，张看到的可能是太阳，李看到的也许是眼目，圆可能是阳，又可能是目，难辨是非。又如见到一个半圆形图案，你看到的也许是月亮，他看到的却是一个花瓣，花非花，月非月，争执不止。其实我们并不了解彩陶匠人当初就一定是要明明白白表现某个客体，他们绘出的一些几何图形更多的是象征而非象形。那时代的画工显然并不以

"相像"的象形作为追求的目标,而是以"无象"的象征作为图案的灵魂。又何况更多的复合图案是通过拆解和重组构成,这都不是通过简单直观的象形思路所能获得正解的。彩陶图案的象形与"无象",都以象征性合式与否为取舍,象形为明喻,"无象"为隐喻。研究彩陶的象征意义远重于研究它的象形意义,当然由象形的研究入手也无可厚非,因为象征的本源取自象形。史前人正是由彩陶形色之中,传导了形色之外的信仰。在彩陶中寻找由象形出发行进至象征的脉络,这是我们解读大量几何形纹饰的必由路径。

二

中国史前彩陶的风格,在色彩与纹样上,集中体现在红与黑双色显示纹样和二方连续式构图上。绘制彩陶的陶胎一般显色为浅红色,绘彩的显色为黑色,黑红两色对比强烈。有时也会先涂一层白色作地色或底色,黑白两色对比更加鲜明。我们通常读到的彩陶图案,大多是无色的黑白图形,对它们原本的色彩功能,一般是感觉不到的。

或者说我们看到的仅仅只是彩陶的构图，而不是彩陶本来的色彩。如庙底沟文化彩陶的色彩，从主色调上看，是黑色，大量见到的是黑彩，与这种主色调相对应的是白色地子或红陶胎色。陶器自显的红色，成为画工的一种借用色彩，这种借用红色的手法，是一个奇特的创造，它较之主动绘上去的色彩有时会显得更加生动。庙底沟文化中少见红彩直接绘制的纹饰，但却非常巧妙地借用了陶器自带的红色，将它作为一种地色或底色看待，这样的彩陶就是"地纹"彩陶，这是史前一种很重要的彩陶技法。

庙底沟文化彩陶是黑、红与白三色的配合，主色调是红与黑、白与黑的组合。红与白大多数时候都是作为黑色的对比色出现的，是黑色的地色。从现代色彩原理上看，这是两种合理的配合。不论是红与黑还是白与黑，它们的配合明显增强了色彩的对比度，也增强了图案的冲击力。有时画工同时采用黑、白、红三色构图，一般以白色作地，用黑与红二色绘纹，图案在强烈的对比中又透出艳丽的风格。由彩陶黑与白的色彩组合，很容易让我们想到中国古代绘画艺术中的知白守黑理念。"知白守黑"，出自

《老子》，所谓"知其白，守其黑，为天下式"。主要以墨色表现的中国画就是这样，未着墨之处也饱含着作者的深意，观者细细品味，一定会有意想不到的收获。同中国画一样，在彩陶上黑是实形，白是虚形，它们相互排斥，又相互依存，相辅相成。可是对观者而言，那白是实形，黑是虚形，画工的意象完全是颠倒的。在彩陶上挥洒自如的史前画工，一直就练习着这样一种"知白守黑"的功夫，他们的作品就是地纹彩陶。

从艺术形式上考察，庙底沟文化彩陶的二方连续式构图就是最明显的特征之一。纹饰无休止地连续与循环，表现出一种无始无终的意境，这是庙底沟文化彩陶最基本的艺术原则，这也是中国古代艺术在史前构建的一个坚实基础。二方连续是用重复出现的纹饰单元，在器物表面一周构成一条封闭的纹饰带，它是图案的一种重复构成方式，是在一个纹饰带中使用一个或两个以上相同的基本图形，进行平均而且有规律的排列组合。彩陶上的纹饰，其实是一种适形构图，它是在陶器有限的表面进行装饰，二方连续图案也就往往呈现首尾相接的封闭形式。画工在有限的空间表述一种无限的理念，那二方连续构图就是最好的选择，它循环往复，无穷无尽，无首无尾，无始无终。彩陶图案的二方连续形式是一种没有开始、没有终结、没有边缘的非常严谨的秩序排列，表现出连续中的递进与回旋。

三

中国彩陶最早的纹样，只见简单的点线及其组合，它们出现在7000年前的前半坡文化时期。到了半坡和庙底沟文化时期，鱼和鸟的象形图案及相关几何形纹饰成为彩陶的流行元素，地纹表现方法与多变的几何图案组合形式构建了彩陶的基本风格。到了马家窑文化时期，旋式连续构图以及由此演化出的四大圆圈纹成为新的主体风格，彩陶经历了由盛而衰的发展过程。

从总量上看，彩陶上的纹饰以几何形居多，象形者极少。象形图案很少，这并不是说这样的图案绘制很困难，其实规范的几何纹饰比起并不严格的象形图案绘制难度一定更大，显然史前人并不是由难易出发进行了这样的选择。看来只有这样一个可能，史前人就是要以一种比较隐晦的方式来表现彩陶主题，不仅仅要采用地纹方式，更要提炼出许多几何形元素，也许他们觉得只有如此才能让彩陶打动自己，打动自己之后再去感动心中的神灵。庙底沟文化彩陶上无鱼形却象征鱼的大量纹饰，应当就是在这样的冲动下创作出来的，它们是无鱼的"鱼符"。无鱼的鱼符，在彩陶上看来有若干种，变化很多，区别很大，是通过纹饰拆解的途径得到的。例如鱼纹全形的演变，在完成由典型鱼纹向简体鱼纹演变的同时，又创造出了均衡对称的菱形纹，菱形纹属于结构严谨的直边形纹饰系统。变形的鱼唇在拆解后，分别生成了西阴纹和花瓣纹，这是庙底沟文化彩陶非常重要的两大弧线形构图系统。鱼纹头部的附加纹饰拆解后，分别提炼出旋纹、圆盘形、双瓣花和加点重圈纹等元素，构成了庙底沟文化点与圆弧形彩陶纹饰体系，组合出更多的复合纹饰。

这样看来，彩陶上的许多纹饰都能归入鱼纹体系。鱼纹的拆分与重组，是半坡与庙底沟文化彩陶演变的一条主线，这条主线还影响到这两个文化的时空之外。彩陶上有形与失形的鱼纹,在我们的眼中完全不同,也许对于史前人而言,它们并没有什么区别,它们具有同样的象征意义,有着同样大的魅力。作为"百变金刚"的鱼纹,我们已经想象不出它为史前人带来过多少梦想,也想象不出它给史前人带来过多少慰藉。"大象无形",鱼纹无形,鱼符无鱼,彩陶纹饰的这种变化让我们惊诧。循着艺术发展的规律,许多的彩陶纹饰经历了繁简的转换,经历了从有形有象到无形无象的过程。从鱼纹的有形到无形,彩陶走过了一条绚烂的路程。

从半坡和庙底沟文化彩陶鱼纹看,简化到只表现局部特征,明显夸张变形,意存形无,这是简化的又一重要原则,不是一般的抽象,也不是一般的象征,也可以说是更高层面的艺术表现。人类善于制造和使用各类符号,用符号交流思想和认识事物,表达特定的含义,传递丰富的信息。所以有人说,制造和运用符号是人类的基本特征之一,这也是人类文化的重要体现。彩陶上大量的几何纹饰,其实大多是这样的人造符号,而且不少符号都是由写实的纹饰简化而成的。一个符号制作出来的同时,也经历了认同的过程，只有认同的符号才有传播信息的功能。当那些最早的模仿因素被历史完全淘汰，它就完成了一个从量变到质变的过程，程式化的符号也就不再是模仿对象的再现，而成为一种逻辑式的抽象表现。彩陶鱼纹的变化，也正是经历了这样的符号化过程，后来虽然还会有鱼的含义，但是它却并没有了鱼的形态。彩陶鱼纹几何化以后，变成了若干种符号，它们大多失去了鱼的形体，这种演变本身就具有非常重要的文化意义。

某些彩陶纹饰的传播，而且是大范围的传播，在这样范围的人们一定在纹饰的含义与解释上建立了互动关系，发明者是最早的传播者，受播者又会成为传播者。彩陶原来存在的文化背景，也随着纹饰的传播带到了新的地方。当某些彩陶纹饰传播到不能生根的地方，互动关系终止。也就是说，如果不能解释或接受这彩陶纹饰所具有的象征意义，传播也就中止了。彩陶的传播当初也会有"解码"过程，如果这个过程并不顺畅，它一定会影响传播的完成。由于文化背景的差异，解码会发生偏差直至失败，传播过程自然便会中止。以彩陶作载体的信仰体系也是一种资源，这种资源取之不尽，无须掠夺，认同即可，传播成为输送这种资源的主导形式。

彩陶纹饰由写实演变为几何形之后，构图变得非常简约，含义变得比较隐晦，甚或非常隐晦。史前彩陶中的鱼纹，大体分为三种样式：一种为具象，写实性很强；一种为变形，介于写实与抽象之间；还有一种为抽象，不过是符号而已。半坡与庙底沟文化的彩陶，都有不少的鱼纹。虽然半坡文化的鱼纹风格更接近写实，庙底沟文化的鱼纹则更趋于图案化，但这种艺术传统却是一脉相承的。半坡与庙底沟居民为何要在彩陶上表现这样多的鱼形呢？

过去有学者将彩陶鱼纹解读为图腾崇拜或生殖崇拜信仰，可能都没有解开真正的谜底。近年关于彩陶鱼纹意义的研究，又有研究者提出了"鱼龙说"，认为"中华龙的母题和原型是鱼"，由仰韶文化彩陶上的鱼纹发展演变而成，认为夏族的来源与鱼族有紧密的联系。这也许可以作为解开鱼纹彩陶象征意义的一个非常重要的新切入点，很有希望得出有价值的结论。

游鱼在水，鱼水相得。绘着鱼纹，盛着清水的彩陶盆，也许真就不是一件平常的日用器皿。这种彩陶绝少出现在成人墓葬中，在西安半坡是这样，在秦安大地湾也是这样，它当初应当是一样圣器。

四

在庙底沟文化之后发展起来的彩陶文化，是西北地区的马家窑文化。西北地区马家窑文化彩陶发现数量之多，在中国乃至于世界上都是绝无仅有的。我们甚至可以推想出马家窑人的彩陶艺术，是一种"全民艺术"，当时人们不仅全都推崇彩陶、珍爱彩陶，而且可能很多人都会制作彩陶，很多人都是绘制彩陶的能手。

西北史前彩陶演变的一条主线可以确定是：旋纹圆圈纹组合—折线大圆圈纹组合—四大圆圈纹，这是黄河上游地区前后相续一脉相承的彩陶纹饰主题元素，也是主要的演变脉络。它的源头确定无疑是庙底沟文化，旋纹与圆圈纹组合正是承自庙底沟文化彩陶已经出现的构图。马家窑文化早期彩陶以圆圈为旋心，圆圈纹之间以多变的旋线连接。最引人关注的是，这种旋线可能是借鉴于鱼纹图形，在某些彩陶上找到了确切的证据。这样看来，马家窑文化彩陶一部分也是可以纳入大鱼纹纹饰系统的。后来作为旋心的圆圈越画越大，旋心饰以圆点、十字及三角等纹饰，旋线也越绘越细。到了晚期旋纹的圆心变作大圆圈，圆圈中的纹饰变化多样。最终圆圈之间的旋线消失，成为明确的四大圆圈纹。

对于甘肃史前彩陶的象征意义，以往许多学者作过阐述，多认为与鸟崇拜有关，有研究者强调了鸟纹和蛙纹的意义，追溯了日月崇拜的原始图景。那么彩陶上旋纹的象征性何在？它既非自然物的摹写，亦非自然现象的描绘，更非一般的抽象图案，它的意义确实非常费解。其实在庙底沟文化彩陶上本来就有一种很成熟的旋纹构图，属于地纹表达方式，多为双旋结构。这种双旋纹其实是一种勾连式构图，左右两旋臂呈彼此勾挂式。马家窑文化中更多见到的有圆圈为旋心的旋纹，构图上借鉴了早先庙底沟文化的双旋纹，旋纹一般都直接绘出，很少采用地纹方式表现。关于彩陶旋纹的意义，我们还可以用反推的方法考察。我们知道由旋纹演变而成的四圆圈纹，在圆圈中填绘有各种纹饰，较多见到的是网格纹和十字形纹，这些就可能是太阳的象征，十字形应当是一种明确的太阳符号。更值得注意的是，有时四圆圈纹直接被绘成四个太阳图形，在青海乐都柳湾就有发现。太阳的旋转运行与升降，都由旋纹表现出来了，这一艺术形式表达的动感，是古人对宇宙的一种非常质朴的认识，也是一种非常理性的逻辑归纳。

太阳崇拜是一种天体崇拜，天体崇拜在史前时代出现较早，在彩陶上有明确的体现。大河村文化和大汶口文化居民的天体崇拜，也以日月崇拜为主要表现形式，彩陶上绘有明确的太阳图形。河南汝州洪山庙遗址瓮棺上的彩绘纹饰有红日和白月，郑州大河村遗址彩陶上有太阳纹、日晕纹、月牙纹和星座纹，都是当时人们对天体崇拜的证据。庙底沟文化时期的天体崇拜已有了深化，人们崇拜的天体已有了明确的标志物，一些研究者认为彩陶上的鸟纹和蟾蜍纹，很可能就是日与月的标志，象征太阳神和月亮神，它是当时天体崇拜的一种方式。而马家窑文化彩陶旋纹的出现,则可以看作是太阳崇拜的一种更艺术的表现方式。到马厂时期彩陶上大量出现的四圆圈纹,是旋纹的一种简略绘制形式,两者的象征意义应当是相同的。

五

我以为中国古代艺术的发展史,可以划出两个大的阶段。前一阶段关乎神界与灵境,表达的是幻象,主要目的是娱神。后一阶段关乎人本与自然,师法的是现实,主要目的变成了娱人。两个阶段的分界,大体应当是在两周嬗递之际,而东周至汉代之时,则是两类艺术的混装时代。当然我们可以这样理解,前后两个阶段的艺术,其实要表达的是同一的主题,这就是心之声,艺术是愉悦心灵的重要方式,艺术产品是精神之餐。彩陶正是表达了心之声的主题,它是史前时代的精神大餐。将彩陶放在整个艺术发展史的层面考察,它当然是处在前一发展阶段。彩陶关乎的是神界与灵境,表达的是幻象,主要目的是娱神。娱神的目的,也还是娱人,愉悦人的性灵,所以彩陶表达的也还是人们心灵之约的主题。

彩陶在史前存在与传播的意义，在以往被低估了。彩陶浪潮般播散的结果，在将这种艺术形式与若干艺术主题传播到广大区域的同时，它所携带和包纳的文化传统，也将这广大区域居民的精神聚集到了一起。这个范围内的人们统一了自己的信仰与信仰方式，在同一文化背景下历练提升，为历史时代的大一统局面的出现奠定了深厚的文化基础。彩陶的传播，标志着古代华夏族艺术思维与实践的趋同，也标志着更深刻的文化认同。从这一个意义上看，彩陶艺术浪潮也许正是标志了华夏历史上的一次文化大融合。

史前人营造在彩陶上的是精神家园。那一时代许多的文化信息都储存在彩陶上，都通过彩陶传递到远方。这些信息也随着彩陶的重见天日，逐渐显现到了我们的眼前。彩陶的魅力，绝不只是表现在它是一门史前创立的艺术形式，它是随着史前社会为着传承那些特别信息的需要而创造出来的，更重要的是这些信息本身给史前人带来的那些喜怒哀乐。不论是题材的选择和纹饰的构图，彩陶都已经达到非常完美的境界。彩陶的构图法则，彩陶的用色原理，彩陶所建立的艺术体系，对中国古代艺术的发展产生了深远影响。即使是在今天，类似彩陶构图的一些商标图案，装饰图案中的许多元素，可以发现它们最先都可以在彩陶作品里寻找到渊源。不少现代所见的时尚元素，与彩陶对照起来观察，我们会发现它们并没有发生什么根本的改变，艺术传统就是这样一脉相承。

谁在陶上画个甚

——读《观陶记》，与老树唠个嗑

刘树勇（老树）由京城飞往兰州，为的是观陶，观的是彩陶。老树画画，画写心情，画动常人心，画有古今传承，所以他对古陶之画很感兴趣。其实老树画里的字，是更让人喜欢的，人家本业专攻语言文学，写作之功也是了得。那都是诗配画，或者是画配诗，诗句朗朗上口，比画面更动人。这一次老树观陶，写的是散文，也很有读头，而且提出了一些耐人思索的问题。有业内朋友转我链接，希望我就老树提出的问题谈点看法，我仔细读了，也生出一些想法，想与画画的老树交流一番。

这个交流，就按照老树文字的顺序，他一言，我一句，算个对谈吧，取名"谁在陶上画个甚"，希望老树能读到，喜不喜欢也不计较了。

老树：我对彩陶之于历史文化的价值素无研究，因为画画，兴趣只在陶器上的纹饰一端。20世纪80年代中期画过一阵子油画，曾经将梵高一画《星空》中旋转的夜空和星月，跟彩陶纹饰中旋转的纹样相比较，作过一些绘画的尝试。彼时看到的彩陶实物少，几无比较判断的可能。忽然集中地看到这么多彩陶器物和上面丰富多变的纹饰，除了赞叹，就想知道4000多年前，这些陶器是做什么用的？是什么人在画这些彩陶？当时是怎么画出来的？画的又是什么意思？

专家普遍的说法是，这些彩陶只是我们古代亲戚们日常生活当中使用的器物，类似于今天寻常百姓家中的锅碗瓢盆米缸泡菜坛子。按照这个说法，彩陶的制作者和绘制者当是一拨人，也就是类似于今天的陶工，普通人。

3N3N（作者）：并不熟识彩陶的老树，却将旋转的夜空和星月，跟彩陶纹饰中旋转的纹样相比较，这不仅仅是因为有绘者的慧眼，我已经由此看到了一种心灵的沟通，尽管这两端的心灵相隔有数千年之遥。

彩陶的用处，也是不能一概而论的，有相当多的彩陶应当是日用器，也有不少是专门制作的随葬品，有的就是盛装尸骨的葬具。彩陶的制作，是由陶工完成的，这是史前的一拨手艺人，应当有师徒传承的技术体系。那些具有创作才能，又拥有这种权利的陶工，也许有着高一阶的地位，彩陶成就了他们的威望，兴许还获得了一些特别的社会权力。

至少那些技术高超的陶工，已经是历史上出现得最早的艺术家，他们创造了传承至今的艺术传统与艺术原理。他们不能被看作是最普通最大众的人，彩陶是传递思想传播信仰的，所以他们也是思想家，他们是播火者。

彩陶如何画出，这个问题后面还要说到。已经有了原始的艺术家，有了若干世纪的传承，彩陶如何画出，似乎不是什么难事了。

彩陶画的是什么，这真的是一个比较费思索的问题，一种纹饰，用今天的眼光揣度，会出现数种乃至数十种解释。彩陶的画意，自以为不能孤立讨论某一器某一图，也不能以为像什么就是什么，见一个弯弯认作月，见一个圆圈比作太阳，那是不行的。

我曾经以为，进行彩陶研究最关键的一点，是全面了解资料,构建好彩陶的时空坐标。多数彩陶纹饰不会只在局部区域孤立存在,也不会毫无改变地延续存在千百年,都会在时空分布上产生变化。在一个考古学文化中,彩陶会在这样的时空变化中,逐渐形成一个严密的体系,把握住这个体系的运行脉络,我们也就等于掌握了解读彩陶奥秘的钥匙。如庙底沟文化彩陶就拥有自己的体系,它以自己的方式维系自身的发展,也同时影响到周邻几个考古学文化彩陶的发展。庙底沟文化彩陶引领了史前艺术潮流,它作为成熟的艺术传统也为历史时期艺术的发展奠定了坚实的基础。

那又该怎样认读画意呢,下面顺着老树的思路接着聊。

老树:在陶制器物上绘制的纹饰图样,按照一些美术史学者的说法,大多是从现实物象作抽象变化而来,比如云水的纹样,比如鱼、蛙的图形,比如神人的图形,比如星空的纹样,等等。

3N3N:由写实到抽象,彩陶构图的这个原则是有的,这只说出了一个原则,彩陶艺术也并不只有这一个原则。

鱼、蛙、鸟、人，这些图像确实被陶工当作素材，也确实可以找到纹饰由写实到抽象的变化轨迹。不过要注意一点，所取用的素材一般都是先赋予了特定的意义，就是象征意义，而且是被社会广泛认可认知认同的。这也是彩陶上所见写实图像所取素材并不多的一个重要原因，陶工不可以随心所欲，你想画什么就画什么，不大可能。

我们现在发现的彩陶，不仅表现有时代早晚的特点，也表现有地域的特点，这种时空一统的现象，正是陶工思想与技法一统的写照。

老树："抽象"说很普遍，在很长的时间里似乎无甚争议。但我无端地觉得，四五千年前，寻常人家的日用器具，绘制得如此精美，有无这个必要。

3N3N：彩陶的精美，从一个侧面说明了史前人的生活态度——认真与精致，这一点我们要颠覆自我的认识。

彩陶上的"抽象"，我曾以为是一种"讨巧"，讨巧似乎成了彩陶的艺术原则。我曾经以为，其实我们并不了解彩陶匠人当初就一定是要明明白白表现某个客体，他们绘出的一些几何图形更多的是象征而非象形。那时代的画工显然并不以"相像"的象形作为追求的目标，而是以"无象"的象征作为图案的灵魂。又何况更多的复合图案是通过拆解和重组构成，这都不是通过简单直观的象形思路所能获得正解的。彩陶图案的象形与"无象"，都以象征性合式与否为取舍，象形为明喻，"无象"为隐喻。研究彩陶的象征意义远重于研究它的象形意义，当然由象形的研究入手也无可厚非，因为象征的本源取自象形。史前人正是由彩陶形色之中，传导了形色之外的信仰。在彩陶中寻找由象形出发行进至象征的脉络，这是我们解读大量几何形纹饰的必由路径。

其实是不能用讨巧的眼光来看待彩陶的。从总量上看，彩陶上的纹饰以几何形居多，象形者极少。象形图案很少，这并不是说这样的图案绘制很困难，其实规范的几何纹饰比起并不严格的象形图案绘制难度一定更大，显然史前人并不是由难易出发进行了这样的选择。看来只有这样一个可能，史前人就是要以一种比较隐晦的方式来表现彩陶主题，不仅仅要采用地纹方式，更要提炼出许多几何形元素，也许他们觉得只有如此才能让彩陶打动自己，打动自己之后再去感动心中的神灵。庙底沟文化彩陶上无鱼形却象征鱼的大量纹饰，应当就是在这样的冲动下创作出来的，它们是无鱼的"鱼符"。无鱼的鱼符，在彩陶上看来有若干种，变化很多，区别很大，是通过纹饰拆解的途径得到的。例如鱼纹全形的演变，在完成由典型鱼纹向简体鱼纹演变的同时，又创造出了均衡对称的菱形纹，菱形纹属于结构严谨的直边形纹饰系统。变形的鱼唇在拆解后，分别生成了西阴纹和花瓣纹，这是庙底沟文化彩陶非常重要的两大弧线形构图系统。鱼纹头部的附加纹饰拆解后，分别提炼出旋纹、圆盘形、双瓣花和加点重圈纹等元素，构成了庙底沟文化点与圆弧形彩陶纹饰体系，组合出更多的复合纹饰。

这样看来，彩陶上的许多纹饰都能归入鱼纹体系。鱼纹的拆分与重组，是半坡与庙底沟文化彩陶演变的一条主线，这条主线还影响到这两个文化的时空之外。彩陶上有形与失形的鱼纹，在我们的眼中完全不同，也许对于史前人而言，它们并没有什么区别，它们具有同一的象征意义，有着同样大的魅力。作为"百变金刚"的鱼纹，我们已经想象不出它为史前人带来过多少梦想,也想象不出它给史前人带来过多少慰藉。"大象无形",鱼纹无形,鱼符无鱼,彩陶纹饰的这种变化让我们惊诧。循着艺术发展的规律,许多的彩陶纹饰经历了繁简的转换,经历了从有形有象到无形无象的过程。从鱼纹的有形到无形,彩陶走过了一条绚烂的路程。

同样要表达鱼意,是画出一条象形的全鱼,还是只画个鱼头或鱼尾,甚至只画个鱼眼,陶工约定俗成作出了选择,选择抽象,就这么简单。这么说抽象问题,不知老树以为然否?

老树:另外,彩陶出土现场,经常会伴随出土大量没有彩绘图案的素陶,这些素陶是器形做好后还没有来得及绘制图案呢,还是有别于彩陶,真正是在日常生活当中使用的器物呢?

3N3N:在彩陶时代,陶器的主体还是素陶,不论仰韶、大汶口、红山、大溪、屈家岭文化,都是如此。但西北地区的马家窑文化不同,彩陶数量所占比重很大,虽然如此,也并非全部为彩陶,依然有素陶。有的炊器之类肯定是不上彩,也有些其他日用器也不上彩,并非来不及上彩吧。

另外,一般彩陶质地比较细腻者,通常称为泥质陶。那些粗陶,通常掺入砂粒如砂锅一般,是极少上彩的。但也不是泥质陶都上彩,也不是夹砂陶全不上彩。

老树:假设我处在一个清醒的状态,以我有限的绘画经验来设想,我抱着一个陶罐或者陶碗,首先想到的是要在上面画些什么的问题。这个动念显然跟现实经验有关——你总是描绘那些你见过的、有印象的、熟悉的东西。按照艺术起源的通常说法,人类在自己的创造之物当中复现自己的现实经验,要早于抽象化的表达。按照这个说法,三维度的雕塑,要早于平面的两维度的绘画,因为从三维而二维,需要更高级一些的智慧和能力。以此推论,以写实手法描绘具象事物,要早于彩陶上这些非具象的纹饰图案。但是,这些彩陶已经是四五千年,甚至更早的器物了,况且,比这些彩陶纹饰更早的,非常具象化的描绘,今天我们并没有看到多少。

3N3N:还是在讨论具象和抽象问题。彩陶有写实向抽象演变的规律，但不能以为彩陶就完整地反映了这样的规律。首先，彩陶并不是最早的艺术载体，人类掌握绘画技能的时代要早于彩陶数以万年计的年代，旧石器时代就有精美的洞穴壁画，而且几乎全部是写实图像。其次，最初在彩陶上出现的图案，事实上并非写实的动植物，恰恰是抽象的线条，这是一种转移载体的尝试性绘画创作。当彩陶艺术比较成熟时，题材的选择与提炼才成为可能，于是我们看到了许多由具象到抽象演化的证据链。

我自己的研究表明，中国彩陶有完整的纹样表达体系，有清晰的演变脉络，由具象到抽象的艺术创作实践，在彩陶上得到了充分证明。

老树：绕过这个画什么的麻烦话题直接进入彩陶的纹饰图案描绘，还得解决几个问题：一、如何画得好看？按照今天我们画纹饰图案的经验，就是要解决点线面的组合构成关系和色彩关系问题。放在四五千年以前，这就已经是一个相当专业的问题了。二、如何解决在360度的环形平面上将图案画成一个无始无终回环往复的整体？这在今天也不是件容易的事。很多专业的画家都只会在瓷器的一面画画，另一面呢，题上些字了事。我在瓷器上画画不少，至今也没有解决好这个技术问题。三、如何在很多相同的器形上将图案画得有变化，不重复？想想看，重复地画同一种图案，别人看着烦不说，自己看着也烦。

3N3N：构图与色彩，是史前陶工专注的问题。中国史前彩陶的风格，在色彩与纹样上，集中体现在红与黑双色显示纹样和二方连续式构图上。绘制彩陶的陶胎一般显色为浅红色，绘彩的显色为黑色，黑红两色对比强烈。有时也会先涂一层白色作地色，黑白两色对比更加鲜明。如庙底沟文化彩陶的色彩，由主色调上看，是黑色，大量见到的是黑彩，与这种主色调相对应的是白色地子或红陶胎色。陶器自显的红色，成为画工的一种借用色彩，这种借用红色的手法，是一个奇特的创造，它较之主动绘上去的色彩有时会显得更加生动。庙底沟文化中少见红彩直接绘制的纹饰，却非常巧妙地借用了陶器自带的红色，将它作为一种地色或底色看待，这样的彩陶就是"地纹"彩陶，这是史前一种很重要的彩陶技法。

许多彩陶是黑与红、白三色的配合，主色调是红与黑、白与黑的组合。红与白大多数时候都是作为黑色的对比色出现的，是黑色的地色。从现代色彩原理上看，这是两种合理的配合。不论是红与黑还是白与黑，它们的配合明显增强了色彩的对比度，也增强了图案的冲击力。有时画工同时采用黑、白、红三色构图，一般以白色作地，用黑与红二色绘纹，图案在强烈的对比中又透出艳丽的风格。由彩陶黑与白的色彩组合，很容易让我们想到中国古代绘画艺术中的知白守黑理念。"知白守黑"，出自《老子》，所谓"知其白，守其黑，为天下式"。主要以墨色表现的中国画就是这样，未着墨之处也饱含着作者的深意，观者细细品味，一定会有意想不到的收获。同中国画一样，在彩陶上黑是实形，白是虚形，它们相互排斥，又相互依存，相辅相成。可是对观者而言，那白是实形，黑是虚形，画工的意象完全是颠倒的。在彩陶上挥洒自如的史前画工，一直就练习着这样一种"知白守黑"的功夫，他们的作品就是地纹彩陶。

从艺术形式上考察，彩陶的二方连续式构图就是最明显的特征之一。纹饰无休止地连续与循环，表现出一种无始无终的意境，这是彩陶最基本的艺术原则，这也是中国古代艺术在史前构建的一个坚实基础。二方连续是用重复出现的纹饰单元，在器物表面一周构成一条封闭的纹饰带，它是图案的一种重复构成方式，是在一个纹饰带中使用一个或两个以上相同的基本图形，进行平均而且有规律的排列组合。彩陶上的纹饰，其实是一种适形构图，它是在陶器有限的表面进行装饰，二方连续图案也就往往呈现首尾相接的封闭形式。画工在有限的空间表述一种无限的理念，那二方连续构图就是最好的选择，它循环往复，无穷无尽，无首无尾，无始无终。彩陶图案的二方连续形式是一种没有开始、没有终结、没有边缘的非常严谨的秩序排列，表现出连续中的递进与回旋。

老树：当然，这些问题，在这些彩陶的描绘当中都完美地解决了。但是，摩挲着这些实实在在的陶器，你仍然不能明了几千年前的那些古代亲戚们抱着个罐子是如何解决这些问题的。唯有叹服。叹服之后，生出一肚子的疑问。

3N3N：二方连续，在环形陶器表面成图，其实并不难。等分构图方法，是成功的关键。用点用线，都可以完成纹饰单元的平均划分，真的不难。不过要是在幻觉中，那就真的难了，那是画不成的。

老树：拍了许多照片，抱着一肚子的疑问，满脑子旋转跳荡着那些数量巨大的图案纹饰……

3N3N：也许老树还有更多的疑问，同许多喜爱彩陶的人一样，疑问会慢慢消解，彩陶的真相总归会慢慢显现出来。我写出上面这些话，并不是自以为正确，但比起老树来，接触彩陶的时间要早一点，思考的时间也长一些，当作是理解彩陶过程中的一个参照还是可以的吧。

丝路圣城

——"成都与丝绸之路文物大展"前言

当小桑蚕遇到蜀人慧心

纤细的蚕丝织成了锦缎

当一位国王取名叫作蚕丛

他的子民在机杼声里狂欢

又当这蚕虫成为蜀国大名

一切都开始变得那样灿烂

灿烂了袅袅身躯

灿烂了赤诚胸胆

当灿烂惊动远方的欲海

一条长路载着这灿烂伸展

涌动的商队遥远的旅程

闪烁着天府锦城灵妙的光环

一

我们走过许多路，心里也念着许多未曾走过的路。有一条路我们并不曾走过，却在心里留着它的位置，这便是古代丝绸之路。

提起丝绸之路，人们首先就会想起张骞，他是汉代出生在汉中的一位真汉子。为了经营西域，汉武帝刘彻想到联络西迁的大月氏，以与匈奴相周旋，募人出使西域，应募的使臣就是张骞。

不及30岁的张骞自长安出发，中途被匈奴俘获，拘禁十年之久，后来得便脱逃，经历千辛万苦回到长安，带回西域各地方风俗和物产的许多信息。五年之后，武帝再令张骞率300人探险队出使乌孙国，与大宛、康居、月氏、大夏等国建立交通联系。张骞派遣副使分别赴大宛、康居、大月氏、安息、身毒、于阗，足迹遍及中亚、西南亚各地，最远的使者到达地中海沿岸的罗马帝国和北非。

张骞向武帝报告说，他在大夏见到邛竹杖和蜀布，那是大夏人由数千里外的天竺购得，他推测天竺离蜀地不远,所以贸易蜀地特产比较便利。于是武帝又派张骞带着厚礼去结交天竺,他由长安出发,南行经故土汉中到达成都,再从成都沿岷江南下到达犍为郡。

2000多年前,张骞奉命西行到西域,也曾南行至天府成都。他在西域发现了蜀地的物产,他的足迹也留在了蜀地的山水,他与天府太有缘分了。

2000多年后,在丝路上曾经的一座绿洲尼雅,一支考古队为考察那一条张骞曾经行走过的路,在那里奇迹般发现了"五星出东方利中国"织锦。经对织锦蕴含信息多方考证,五星锦的织造产地是在三国时期的锦城成都!

成都与丝路之间的缘分,慢慢开始被清晰地揭示出来。

二

作为古代东西方贸易与文化交流大通道的丝绸之路,有经河西走廊通往中亚、西亚、欧洲的陆路,有通往东南亚、南亚、西亚和东非的海路。成都地处内陆盆地,通过陆路和水路沟通丝路,将天府与遥远的国度连接起来。这是一条长长的路，它将天府将成都，与西域与古印度，与更遥远的海国和山国连接起来，让天府之光闪耀八荒！

丝路通有无，往来成古今。有太多的故事，有太多的文物，将成都与世界的缘分摆出来给你看，说出来给你听。

丝绸锦缎，虽然是轻柔之物，它们却是丝路上最贵重的商品。汉唐时期丝绸主产区在成都，是成都让丝绸的美丽在远方绽放，也是成都的丝绸锦缎让古代的洲际商道后来有了丝绸之路的名字。

就说这"五星出东方利中国"织锦吧，刚出土时震惊了在场的所有考古人，发现公布后引起广泛关注。织锦以宝蓝、绛红、草绿、明黄和白色等五组色经织出星纹、云纹、孔雀、仙鹤、辟邪和虎纹。这些神兽神鸟，约略是汉代时普遍的四神信仰图案，而那一列文字写出了祝祷家国安宁的祈盼，文义与图义相得益彰，非是常人所用织锦。尼雅织锦经研究证实为蜀锦，是成都的工坊织造了出现在丝路的佳品。

汉末至魏晋时期，蜀锦名声大起，闻名西域。考古工作者在新疆地区出土不少蜀锦，说明它曾经一定是丝路商队必配的货品。尼雅墓地发掘20余件鲜艳的织锦，比较重要的除了"五星出东方利中国"织锦护臂和"伐南羌"织锦，还有"王侯合昏千秋万岁宜子孙"锦被和"千秋万岁宜子孙"锦枕。

研究者认为"五星出东方利中国"和"伐南羌"文字织锦，与蜀汉对南羌用兵史事相符。《后汉书·西羌传》记战国时原居河湟羌人部分向西、向南迁移，一支迁至蜀郡之南，是为南羌。蜀汉时诸葛亮南征"七擒孟获"的故事，正是"伐南羌"之举。而"千秋万岁宜子孙"锦枕和"王侯合昏千秋万岁宜子孙"锦被，同蜀王刘备之子刘禅与张飞之女合婚有关。

历史织进了织锦，被带着游历丝路，被埋没在丝路，又由丝路重光，又让今人念想起锦城成都的故事来。

三

丝绸锦缎的织造，是人类文明的重大发明。丝绸生产依仗桑蚕业的发展，天府之国温润的气候，适宜种桑养蚕，桑蚕丝织很早就形成重要的生业。传说嫘祖为养蚕丝织始祖，又说蜀人本为黄帝与嫘祖后裔。古蜀第一代先王名曰"蚕丛"，殷商甲骨文中的"蜀"字如蚕形，王名族名都以蚕为荣，说明古蜀时代蚕丝业之悠久之发达。再细看三星堆青铜立人像，锦绣衮衣上四龙舞动，古蜀人三千年前的锦绣功夫已然十分了得。

春秋战国时的巴蜀青铜器见有采桑及蚕形图案，是桑蚕生产的形象写照。秦汉以后，成都成为重要的丝绸生产中心，织锦技术已经发展成熟。秦灭蜀的一个重要目的是"得其布帛金银，足给军用"，可见蜀地手工业之发达。最突出的是蜀锦工业，张仪与张若修建成都城时，"于彝里桥南立锦官"。成都出土汉画像石对纺织业多有描绘，有桑园劳作图像，也有织机高架的场景。

考古近年在成都郊外老官山2号汉墓中，发现四架织机模型和一些织工俑，是纺织考古的空前发现。四部织机模型是考古前所未见的蜀锦提花机模型，也是迄今发现的唯一完整的西汉织机模型，在世界上时代也属最早，体现成都已经掌握高超的织锦技术，是纺织科技上的伟大发明，也是汉代成都作为织锦之都的重要见证。

蜀锦织造对古代锦业发展和繁荣产生了巨大影响，蜀锦有"天下母锦"之称。西汉扬雄《蜀都赋》放声歌咏："若挥锦布绣，望芒兮无幅。尔乃其人，自造奇锦。"晋代左思《蜀都赋》纵情描绘："阛阓之里，伎巧之家，百室离房，机杼相和。贝锦斐成，濯色江波，黄润比筒，籯金所过。"机杼声声，奇锦灿然，蜀锦之奇美，尽在文人笔墨中。

三国争雄，刘备在成都重视发展织锦，诸葛亮《言锦教》称"今民贫国虚，决敌之资，惟仰锦耳"，备战胜敌的资本就是蜀锦，用蜀锦与魏国换马、与吴国换粮，以充军资。结果一如武侯所料，吴魏两国竞相购买蜀锦，蜀中军资充盈。《后汉书·左慈传》记载曹操"遣人到蜀买锦，可过敕使者，增市二端"，《丹阳记》说"江东尚未有锦，而成都独妙。故三国时魏则市于蜀，而吴亦资西道，至是始乃有之"。诸葛亮又设锦官，建锦官城，成都成为最大的织锦生产中心。

南北朝时有不少胡商进入成都贩运丝绸，成都丝绸织锦由丝路进入到远程贸易。《梁书·河南王传》和《南齐书·芮芮虏传》述及吐谷浑和柔然商人到成都进行丝绸贸易，《北史·何妥传》记有西域胡商因长期经营蜀地丝绸而聚居郫县的史实。这时进入丝绸外销的蜀锦，纹样有内地传统样式，也有一部分为胡商定制的样式。

新疆吐鲁番阿斯塔那哈拉和卓墓群出土大批南北朝至唐代的丝织品，不少被确认为天府所产的精美蜀锦。织锦上出现一种两侧对称式纹样，是专为定向西域销售的产品。如唐代双层联珠团窠圈对龙纹绫锦，上有"景云元年，折调细绫一匹，双流县，八月官主簿，史渝"的题记，证实此类纹锦确为专作外销的定制蜀锦。这类样式被蜀地织工织入蜀锦，可以运销至更远的波斯与粟特等地区。

唐宋时蜀锦也有发展，益州大行台窦师纶融合中西方织锦艺术风格，提升蜀锦工艺，创制新纹样"陵阳公样"，主要花式有变体花卉、对雉、斗羊、翔凤、游麟等，较之于汉晋传统纹样更加绮丽活泼。蜀锦图样成为唐时宫廷内库织锦的标准，蜀锦艺术进入最辉煌的发展时期。"女郎剪下鸳鸯锦，将向中流匹晚霞"，唐时蜀锦有多美，读刘禹锡《浪淘沙》中的诗句,再抬头看看绚丽的霞光,真的是美不胜收。

从先秦至隋唐,成都蜀锦一直引领着古代丝织品的发展。天府有了蜀锦,这才有了锦江,成都由此就成了一座名副其实的"锦城"。

四

天府虽为四塞之地,却是塞而不闭,从来都以开放之姿,不断吸纳周边甚至是远方文化,与本地传统融会一体,既保有自身特色,又与外界文化一同提升。

在新石器时代晚期,盆地文化与黄河文化联系紧密,临近盆地西北山地边缘新石器遗址中,出土不少甘青马家窑文化及中原仰韶文化风格彩陶。这里传说是大禹早期活动的区域,也是中原与盆地间联系的纽带。西周燹公盨是最早记述了大禹治水行迹,有铭文曰"天命禹敷土,随山浚川"。《史记》称禹"兴于西羌",《蜀王本纪》称禹"生于石纽(今四川汶川)",《禹贡》记载大禹"岷山导江,东别为沱"。成都平原宝墩等史前城址,有研究认为很多都与避水害有关，年代与大禹时代相当。

三代时期，蜀地与中原关系也非常密切。三星堆遗址发现的陶盉、陶觚、玉璋与嵌绿松石铜牌饰，都带有明显的二里头文化色彩。殷墟甲骨文中也不稀见"蜀"字，甚至记录有"征蜀"战事。三星堆和竹瓦街都发现商式青铜尊和罍，可见商文化影响之深。《尚书·牧誓》中记载蜀参与武王伐纣之战，是蜀登上中原政治舞台的一次预演。陕西宝鸡西周强国墓及汉中出土的蜀文化风格器物，表明蜀文化影响到达汉中和关中地区。

到了春秋战国时期，千里栈道连通秦蜀，蜀开始融入中原大历史中。

战国至西汉时期，北方草原文化由青藏高原东缘横断山南下，双环首青铜短剑、双耳黑陶罐、"山字格"铜柄铁剑、动物搏斗纹牌饰等具有草原游牧民族文化特点的器物进入西南地区。

秦灭巴蜀，西南地区纳入中原体系，对西南地区进行移民，促进了蜀地经济的发展，推动了南方丝路的拓展。秦惠文王"移秦民万家实之"，灭六国又迁六国贵族和豪强入蜀。西汉朝廷多次向蜀地移民，因中原动乱东汉末官僚与百姓入蜀者众多。

西汉时期成都地区出现了冶铸致富的巨商大贾，最著名的是卓氏和程郑。《史记·货殖列传》记述他们由中原迁蜀，开铁山鼓铸，富于人君。蜀郡设置铁官，生产的铁器很多销往西南地区，促进了一方生产力的提高。蜀郡一带井盐储量丰富，汉代画像砖上描绘有井盐生产图景。汉宣帝时邛崃已用天然气煮盐，产盐率大有提高。政府在蜀郡设有盐官，管理井盐产运销。

随着经略西南策略的实施，天府之国的铁器、铜器、漆器等产品和生产技术传入云南、贵州、广西等地，推动了当地经济发展。南丝路沿线出土不少"成都"或"蜀郡"铭文的铁器。

武帝出兵伐东粤，后命唐蒙出使南粤。南粤人用蜀地制作的蒟酱款待唐蒙，唐蒙得知这是由蜀地通过牂柯江运到番禺，于是建议武帝借夜郎兵力，从牂柯江出兵攻打南粤，征调人员一边作战，一边修治道路，从僰道通牂柯江，即史称的牂柯道。

秦汉时期，川西南、云、贵等地部族林立，司马迁在《史记》中称之为西南夷。汉武帝以后，通过对部族厚赐缯帛，设立郡治，开通道路，奖励生产等措施，实现了对西南地区的管辖。《史记·西南夷列传》说，汉武帝元封二年（公元前109年），滇王"举国降"，"于是以为益州郡，赐滇王王印，复长其民"。滇王金印在云南晋宁石寨山遗址出土，是这一段历史的重要见证。

西南交通，早有五尺道。五尺道是秦将在僰道基础上开凿的由四川宜宾到云南曲靖的道路，汉时唐蒙拓展五尺道东入黔地，直抵牂牁江，连通珠江水系，这条道路被称为南夷道或唐蒙道。后来诸葛亮多次派兵平定南中，南征路线大致循南丝路之南夷道南下，经乐山、宜宾，在屏山附近分三路大军深入西南。

除了南夷道，还有西夷道，这是西汉司马相如受汉武帝之命，联络西夷诸君长在灵关道基础上拓展的道路，也是南方丝路的干线之一。张骞轻而易举到达滇越，因司马相如已经开辟这条通道。司马相如治理西南边夷非常成功，"邛、笮、冉、駹、斯榆之君，皆请为内臣"。

秦汉时南部五尺道和牦牛道开通，汉武帝派遣四路大军探寻蜀身毒道。从长安到成都后，丝路分两线：一条经雅安、汉源，过大渡河、西昌、会理，渡金沙江经永仁、大姚、祥云至大理，与茶马古道相连。另一条从成都经乐山、宜宾，跨金沙江进入贵州的赫章，再经云南宣威、曲靖、昆明、楚雄而至大理。这应当是邛杖、蜀布的行走路线。南诏国的佛教和工艺大都来自成都，至第五代南诏王时，打通了云南通往印度的道路，成都至南诏的石门关道和清溪关道，从此延伸到了印度，成为唐时西南重要国际通道。

茶马古道是唐宋时期因茶马互市形成的贸易通道，主要分布于川、甘、青、藏、滇、黔等地，是南方丝绸之路的延伸和发展。成都与川西藏区的民间联系一直存在，司马相如使这条通道变得更为畅快。这条道路将成都平原的茶叶和盐运往康定，再由康定的马帮，驮运到藏区，换回藏区的马匹。张骞出使前的蜀地周边，汉藏文化已经交融频繁。这条川藏道建立得最早，也保持得最为通畅。

汉晋以后，丝路向高原伸展，青藏高原北部西部交通开始融入北方丝路,与西域连接起来。特别是7世纪吐蕃王国建立,唐长安至逻些(今拉萨)的唐蕃古道逐渐畅通,并向南延伸联通尼泊尔与印度。西藏阿里近年新出土"王侯"鸟兽纹锦,是青藏高原发现的由丝路输入的最早织锦,正是成都所产蜀锦。

蜀地的茶马古道还有一条,从成都经雅安翻过二郎山,到康定、理塘、巴塘、昌都、林芝、拉萨,经江孜、亚东,通往尼泊尔和印度。这是西藏与四川间的运输线,马匹与茶叶和食盐通过这茶马古道完成交易。

川藏茶马古道从汉代到清末,几经变迁改道,都以成都为首发站。唐代时吐蕃在青藏高原兴起,文成公主入藏走青藏道。川藏茶马古道唐宋时尤其蓬勃,北宋时设置茶马贸易管理机构,成都设有都大提举茶马司,雅州设有榷茶和买马司,茶马古道促进了沿线各族的商贸互通与文化交流。

五

从丝路运出运进的不仅有丝绸、珠宝、香料和其他商品，还伴随着科技、艺术、宗教与文化的双向交流。早期佛教在西南地区的传入、西方艺术对两汉西南地区艺术的影响，西域"胡人"在西南的活动，都是丝路交流的结果。

东汉时期，印度佛教沿西南丝路传入西南地区。西南地区发现东汉晚期至三国蜀汉前期早期佛像，多出现在画像和钱树上，造型与南亚早期佛像接近，代表了中国最早阶段的典型佛像。看不出这些佛像与佛教教义、寺院和僧侣之间的直接联系，却与本土传统的神仙思想和升仙观念密切，钱树上处于主尊地位的西王母置换为佛像，与神仙或神兽等神灵并列出现，这反映了早期佛教与道教的相互依附特点。

这一时期四川地区出土了许多胡人俑，如彭山崖墓一钱树座佛像两侧的胡人，彭山崖墓的第550号崖墓中出土有一件胡人吹笛俑，广汉和新都东汉画像砖上出现的胡人乘轺车、胡人骑吏等形象，是胡人入蜀的见证。

丝路回馈天府，有一种物产不可不提。川菜之辣，来自辣椒。辣椒原产于美洲，哥伦布将其带到欧洲，明代后期辣椒才传入我国。辣椒传入有两条路径,陆路和海路。浙江辣椒种植最早,辣椒从海路传入。辣椒由浙江传到西南地区,乾隆年间由湖南周边地区扩展到四川。同时传入四川的外来物种还有马铃薯、烟草、红薯和玉米等。

经由川滇茶马道,从印度等地传入中国的物品还有棉花和香药等。运出丝绸,引进棉花,动物与植物为人类贡献了布帛,丝路的交流让文化的触角伸向远方。

六

李白诗说,蜀道之难难于上青天。蜀道虽难,却是此路不通彼路通,也有非常通畅的年代。

蜀道是天府与汉中穿越秦岭、巴山连接关中的道路,由关中通往汉中的褒斜道、子午道、陈仓道、傥骆道,以及由汉中通往四川的金牛道、米仓道、荔枝道等组成,天府由蜀道与北方丝路联通。

成都在魏晋南北朝时期,出现胡人聚居区,佛教更为兴盛,从汉代的商品货源地和转运地发展成为丝路重要枢纽,成为西域沟通中原和长江中下游的中心。

从西晋末年八王之乱、五胡乱华开始，中国历史进入南北分治阶段。东晋朝廷偏安江东，前赵尽占关中，前凉割据河西，成汉鼎立故蜀。前赵阻断陇右道，前凉找到一条通达江南之路，成汉政权统治中心成都迎来这次丝路的改道。

经过前凉四十余年经营，西域丝路与河南道结合，取代了河西丝路，成为陆上丝路最繁忙的核心通道。自江南通往西域此时多溯江而上，先西行入益州，再由青海入吐谷浑境，然后借道前往西域，成都所在的位置成为西域到达东晋王朝的必经之地。

以成都为起点的河南道开始成为官商共用之路，成为西域与南朝联系的主要通道，也是东方与西域间又一条新丝路。从成都出发向北，经吐谷浑至鄯善、敦煌、酒泉、张掖成为连通南朝与西域的主要商道，这就是丝路河南道。在200余年间成都成为这条新丝路的枢纽，蜀地和东南地区的物资在此集散，通过河南道与西域和亚欧交流。

由于巴蜀地区政治、经济与军事地位的提高，唐王朝加强经营，推动了经济、文化的进步，成都在唐宋时期也有了很大发展，不仅成为当时最有影响力的城市之一，有"扬一益二"之称，也因丝路与世界交流，成为有影响力的国际化大都市。

成都新出现了很多南朝因素，本地发现六朝画像砖上有甲骑具装图像，同江苏丹阳南朝墓砖画甲骑具装形象相同，显示成都受到南朝建康文化的直接影响。

成都在东汉末期出现了大量外来人口，河南道的兴盛，外来人口又进一步增加，在郫县等地还有粟特人的聚居地。粟特人本土位于中亚阿姆河和锡尔河之间的泽拉夫珊河流域，汉唐时以善于经商贸易而著称的粟特人沿着丝路一批又一批东行。粟特人自三国两晋时进入蜀地，《隋书·何妥传》记载，何妥本为"西域人也，父细胡，通商入蜀，遂家郫县。事梁武陵王纪，主知金帛，因致巨富，号为西州大贾"，何妥一家通过经商入蜀。四川新都收集到一批画像砖，上有骆驼鼓吹、胡人骑吏、胡服俑形毡帽等内容，是魏晋时期胡人内徙的真实写照。

汉晋时期胡人入蜀行商，为成都带来了佛教文化，随着丝绸之路河南道的兴盛,由西域东来者经成都向江东,旅行者中就有布教的僧人。佛教东传过程中成都地区地位特殊,在地理上是西北与建康间的枢纽,也是西北、中原、江东三个佛教文化中心之外的另一个中心,佛教造像特点兼容了南北的一些特点,同时形成了不同于南北的地方特色。成都不仅已成为丝路上南北交通的枢纽,也成为南北文化、中外文化交流的枢纽。

南北朝佛教兴盛,民众礼佛氛围浓厚。成都万佛寺遗址及其佛像,遗址周边商业街、西安路等地出土的南朝佛像,绵阳府君阙梁大通三年佛教石刻造像等,都证明成都佛教之盛。成都南朝造像早期较粗壮,服饰与脸形虽已汉化,体态却与北方相像。齐末至梁,成都佛像受建康等地的影响,流行"秀骨清像"的风格,佛像细颈宽衣,双肩斜削,一副清瘦的模样。梁末到北周时期,成都的佛雕造像受到了更复杂因素的影响,有前时段齐梁风格的延续,又有因北周占领而出现北方风格造型。

唐宋时期,成都丝绸产业发展达到顶峰,蜀锦生产规模前所未有,行销各地。五代十国时期的一份敦煌文书记载了当时在敦煌销售的诸多商品,其中有来自蜀地的"西川织成锦、红川锦、软锦、紫锦"及"彭山绫"。

唐宋时期,成都成为京师之外聚集外国人最多的城市之一,外来文化对成都社会、经济、文化产生了影响。

七

天府地处内陆,远离大海,但距离遥远并不能弱化古蜀人的大海情怀。有水道,也有陆路,都可以通向大海。

天府与外界的沟通,东有比较便利的水道,长江就是一条重要的纽带。长江是沟通东西部地区的天然通道,新石器时代晚期长江中游地区的文化与成都平原的史前文化有过交流,中下游地区的稻作农业对成都平原稻作农业的兴起产生了重要影响。考古揭示的宝墩古城、三星堆古城和中下游的浙江良渚古城、湖北石家河古城之间,在筑城技术上相近,这是远距离技术交流的结果。金沙遗址发现良渚文化玉琮,三星堆遗址发现与长江中游相似的商式青铜器,遥远的礼器与礼制规范已经融入蜀人的精神信仰里。

楚蜀之间联系紧密，传说古蜀国的丛帝开明就是来自楚地。春秋战国时期，蜀地受楚文化影响很大，新都马家大墓出土大量楚式青铜器。

考古发现，早在三千年前，成都平原就有了来自南方海洋的产品，如广汉三星堆遗址出土大量来自印度洋的海贝。越南考古发现古蜀文化特有的玉璋，揭示出礼玉与相关礼仪的南传线索。战国时秦并巴蜀，据《大越史记全书》记载，古蜀国开明氏的王子蜀泮带领一支蜀人队伍辗转南迁，到越南建立瓯雒国，史称安阳王。

汉代时广西合浦与广东徐闻是海上贸易的重要口岸，《汉书·地理志》记载，汉武帝遣黄门使者携黄金和丝绸等，从合浦港出发到达东南亚、南亚，交易明珠、璧流离、奇石异物。考古在合浦汉墓中发现弦纹玻璃杯，是海上贸易的舶来品。

在《史记》中特别写到吃食的并不多，印象中唯有"蒟酱"。汉武帝派唐蒙到达南越受到美味蒟酱款待。蒟酱不仅是调味的上品，而且还具有食疗的作用。《蜀都赋》

注说：蒟子"以蜜藏而食，辛香，温调五脏"，原来是一品蜜渍果酱。

两汉至三国时期，成都手工业非常发达，除了蜀锦，蜀郡设有工官专门管理铁器、漆器生产，产品远销长江中下游地区。湖南长沙马王堆汉墓出土漆器刻画有"成市草"、"成市饱"铭，安徽马鞍山三国朱然墓出土成都漆器有"蜀郡作牢"铭，蜀地漆器制作技术也是一流水准。

蜀锦越海东传至日本，奈良正仓院藏隋代花树对鹿纹锦、唐代宝相花琵琶锦袋、联珠狩猎纹锦、蜀江锦，这是随佛教东传的蜀锦珍品。

唐时成都内外高僧往来频繁，一时佛寺林立，僧众汇聚。以新罗国王子之身的无相禅师，漂洋过海入蜀求法。唐玄宗入蜀避乱时对他极为礼敬，为他"敕建大圣慈寺"，他被尊为大慈寺开山祖师。后来他的弟子无住禅师东渡，往日本弘扬佛法。宋代有高僧兰溪道隆，生于涪江郡（治今四川绵阳），出家成都大慈寺，后来也东渡日本弘法，敕赠"大觉禅师"，为日本有禅师谥号之始，对日本禅宗文化影响巨大，名望比肩唐鉴真和尚。

宋人黄庭坚《次韵答张沙河》诗赞蜀锦:"君材蜀锦三千丈,要在刀尺成衣衾。"宋代时蜀锦依然声名不减,宋代在钦州设立博易场与域外商人进行交易,来自蜀地的商人以锦缎丝帛等交换异域产品,据《岭外代答》说:"自蜀贩锦至钦,自钦易香至蜀,岁一往返,每博易,动辄数千缗。"这是上了博览会的蜀锦,用它换回的是由海上丝路运来的香料与宝石等。

八

每一个大都市都有自己的历史、传统、风格与襟怀,都有自己独到的文化传统。当我们回望从前,由往古到来今,成都留在我们脑海中的印象,是勤敏、智勇、多彩、开放。成都为世界贡献了绚烂,创造了美器,创造了美味。成都的出现是个历史奇迹,成都不仅是古蜀人创造的奇迹,也是丝路创造的一个奇迹。成都为丝路贡献了智慧,丝路也滋养了成都。

历史上由成都出发的商队,向北向西走过沙漠戈壁和绿洲草原,向南穿越大河与高山密林,向东向南扬帆浩瀚大海。反向到达成都的商队，带来了外域的物产与文化。蜀锦北去，盐铁南走，金玉东来，茶叶西行。沙漠驼峰间曾经闪烁着成都的光彩，深山马背上曾经传递着成都的滋味，大海帆影下曾经昭示着成都的信仰。成都与世界连成一体，丝路是一条多彩的纽带。

锦城成都是丝路的一座终始之城。这里是丝路的动力之城，也是引力之城。由这里出发到远方远国，由远方远国到这里，成都曾经以智慧创造拥抱世界，世界也以满满的热情回哺了成都。

"九天开出一成都，万户千门入画图。"李白眼里的成都，是多么壮丽的历史画卷。三千年的锦城成都，是一座丝路圣城。

弥合历史罅隙的智慧之光

人类拥有的一切都会成为过去,都会成为历史。历史之为历史,不仅是过往的故事,而且是并不完整的故事,前面的历史被后来的历史覆埋,这样的过程既有掩盖又有破坏。历史既会因年代久远而被忘却,许多细节又会因埋藏变故而损毁,经不住岁月的风雨,也禁不住后浪推前浪。

找回那些遗失的片段,弥补那些残缺的罅隙,恢复它们原本的真实面目,于是这社会有了考古学家,也有了文物修复专家。他们都行走在历史的罅隙处,也都是弥合历史罅隙的人。

历史曾经的辉煌,曾经的精致,在历史的风雨中化作废墟,变得残破不堪,静静地沉睡在地下。考古人唤醒每一处废墟的时刻,都曾牵连出一段久远的历史,每一件古物都可以用来重构历史的一些局部轮廓与许多细节。

那些已然成为历史的一切事物，它们有的会永远在人类的视线中消逝，有的会永远在人类的记忆中存留，有的会变作碎片天东地西地叠次散落。这是一些永恒的历史碎片，是永恒历史的一些碎片。更多的历史事物，也都这样被历史自己无情地摧毁了，变成了零落的碎片，变成了扑朔迷离的谜案。

学者们想要拼缀起受伤的历史枝干与残断的历史枝叶，这时伸出援手的必是文物修复专家。修复专家更多面对的是历史事物的细节，昔日凝重的历史印记仍旧铭刻在这些细节上面。这些细节变幻的本体，它们斑斓的色调，它们鲜活的表情，是一个时代、一族人群、一种文化留给后世的宗谱。当它们慢慢被修复师摩挲之后，我们就更易于破译其中的密码，揭开它们的谜底，也许一段精彩的历史、一页千年的画卷、一曲悠远的长歌，便都会豁然出现在眼前，响亮在耳畔。

本来是环环相扣的完整的历史，留存到今天和明天的，都只是一些谜一样残断的碎片了。与历史的碎片打交道，与这些碎片的缘分，不仅仅属于从事研究的那些学者们，还有文物修复专家们。这些修复专家也有游走在历史中的机缘，也有直面历史与古人对话的资格。他们往往更加珍视那些历史的碎片，善待那些历史的碎片，他们不会被那些碎片之谜难倒。每一块碎片就是一个等待开解的谜，那是历史留给今天的遗言。面对这历史的遗言，修复专家们不甘于茫然无知，也不愿满足于一知半解。这遗言需要仔细读解，这碎片需要仔细拼对。

在他们的眼中，这些碎片的边缘，就是历史的罅隙之处。当两片吻合的边缘完美地契合在一起，紧密地弥合在一起，一个历史的瞬间就得到了再现，一件历史事物也就由这样的再现而完成一次重生。一次一次拼对，一遍一遍读解，说不定就在突然之间，这碎片会在他们手中连缀成壮丽的历史画卷来。

修复师们可以从一小块陶片解读出另一个普通生命的喜怒哀乐，可以由一件残损的青铜解锁当初的铸造密码，祈望古往今来的所有人不因天灾人祸而骨肉分离，让无数个体的生命彼此息息相通，让无尽的光阴不再出现片刻的心灵黑暗，让每一颗心都能得到他应当拥有的那一份温暖，让每一个人手拉手从亘古走向未来。

在他们的手中有一种绝技，弥合着发现的那些大小历史罅隙。在他们的心里有一种牵挂，那是一根长线连接着历史与未来。在他们的头脑里有一种智慧，沟通着天遥地远的往古来今。

那些静默的史章，那些斑驳的历史宝藏，不仅失去了本来的光芒，形貌也多是支离破碎，我们并不忍心就这般让它们回到现代，回到公众视野。所以就有了弥合这些罅隙的动机，社会就出现了一个特别的职业，文物修复师。修复师也有各种的行当，他们都是行走在历史的罅隙处。他们修复的大多虽然只不过是历史的枝叶，可大树的全貌离不了这些枝叶的烘托。

修复师是最现实的，他们要让千百年的古物满血复活。同时他们又是最浪漫的，他们要在往日时光里找到灵感。青春伴着热诚，化作了强力黏合剂，将那些罅隙弥补起来。修复师可不仅只是工匠，他们在匠心之外还拥有特别的情怀。他们用还魂术让那些国宝起死回生，为古物招魂，让古物重生，让古物恢复活力四射的光泽。

我们在博物馆享受历史遗产的馈赠时，从那些已经弥合的罅隙里，可以感受到闪烁着修复师们智慧的光芒，感谢他们的奉献！

附记：

前两天很意外看到一段小视频，表现几位考古专业的大学女生在发掘工地拼对陶器碎片，有一种感动立时涌上心头。我在手机的记事本里写下了这样一句话——"弥合历史的罅隙"，以备得空时写出小文以抒胸臆。巧的是当天晚间报社编辑约稿，希望尽早写成一篇文物修复的相关文字，虽是时间紧迫，我还是没加犹豫地应承了下来，这便是这篇文字的由来。

原刊《光明日报》2021年5月11日

走进往古

——四川大学出版社《20世纪中国考古大发现》题记

[卷首题记]

你的视野内将要出现远远逝去的岁月,

你的手中翻开的是华夏秘藏千万载的珍贵篇章。

这里可以寻觅到东方文明的泉源,

展现在面前的是澎湃历史长河中闪耀的荣光;

这里可以感觉到先祖搏动不息的心律,

让我们心中永远铭刻中国曾经的伟大、璀璨和辉煌。

从往古感悟传统,由往古汲取滋养,

我们根基深厚的中华民族斗志将会更加坚定昂扬。

[旧石器时代考古发现]

人类从何而来,

不由女娲,更不由上帝。

从猿到直立人，到智人、现代人，

在岩层里、在洞穴中留下了进化的足迹。

燃烧在篝火灰烬里的是智慧的光芒，

敲砸在坚韧石块上的是刚勇的标记。

我们从寻找到的早已石化的头颅中，

发现了人类童年的记忆。

[新石器时代考古发现]

告别山林，告别洞穴，

走向原野，走向聚落，

高筑城堡护卫新的憧憬。

往昔的猎手变成了更智慧的农人，

奔忙在田野创造绿色文明。

静谧的墓穴收存着彩陶的绚烂，

肃穆的神坛埋藏着玉器的晶莹。

在朔北、岭南，

在峡江、海岛和黄土塬，

华夏先民在浩渺的龙凤精气神里升腾。

[青铜时代考古发现]

经历了石器的切割锤打,

迎来了文明时代的晨曦。

冶金术创造了崭新的世界,

青铜的光辉照耀着万国林立。

甲骨文字记载着天道、地理、人文与神祇,

青铜宝器透射出威严、狞厉、庄重和神秘。

这是中国文明走向成熟的开端,

这是青铜铸就的雄浑历史。

[秦汉考古发现]

是秦皇的铮铮威严使华夏拥有了一统大旗,

皇陵浩荡的军阵俑展现着千古一帝的伟略雄韬。

塞上绵延的长城万里,

关内雄踞的长安古都,

秦砖汉瓦诉说着大一统时代的荣耀。

熠熠生辉的金印玉玺,

墨香依旧的简册帛书,

字里行间闪烁着精深博大汉文明的骄傲。

[魏晋南北朝考古发现]

无情战马踏碎繁华,

纷繁战乱搅扰平安。

漳河边三台耸立的曹魏都城遗址,

长沙城古井秘藏的孙吴文书档案;

北朝零落的皇冢,

江南颓圮的帝陵,

令人感伤,

令人慨叹。

抚慰生民心灵创伤的还有异域的佛光,

安顿南北分离骨肉的还是江山一统的祈愿。

[隋唐考古发现]

宽阔的殿址昭示着帝王风范,

高敞的都门彰显着盛世的豪迈;

纵横的里坊构建着都市繁荣，

毗邻的馆驿高扬着域外节拍。

宝寺佛塔蕴含着禅机要妙，

深幽陵寝宝藏着文物典章。

秘瓷金樽装点着贵胄奢华，

南北西东映照着大唐辉煌。

[宋明考古发现]

让我们走近封建末世的废墟，

去感受距离并不十分遥远的宋明时代：

在两京街巷中考察宋代丰富的市民生活，

在官窑旧址上体悟溢彩流光的皇家气派；

在辽代墓穴里一睹华贵雍容的公主芳容，

在大都故城内领略驰骋欧亚的大汗风采；

在定陵地宫里探讨隆盛高贵的帝后葬仪，

在藻饰壁绘中找寻天阔地广的先祖情怀。

人在从前

那些身影

在郊原走遍

在乡曲缠绵

总在从前的光景里隐现

考先人留下身影的地点

也许有许多天

那不经意的时刻

古今身影重叠在瞬间

那些目光

在青铜闪烁

在土陶留恋

总在从前的器用上流连

看先人送去目光的月圆

也许有许多天

那不经意的时刻

唐宋月光重映到窗前

那些足印

在废墟徘徊

在古道蜿蜒

总在从前的瓦砾堆蹒跚

寻先人印下足迹的田园

也许有许多天

那不经意的时刻

秦汉足印重合在眼帘

那些思绪

在碧落驰骋

在黄泉牵连

总在从前的记忆里蜕变

念先人记下的象形古典

也许有这一天

那不经意的时刻

亘古向往重光在心田

后记

辛丑岁末在成都同饮时，子今先生告知他正在组编这个随笔集系列，他举杯热诚邀我入列，我非常高兴。前不久我正在收罗这一类文字，遇上这么个机会，当然感觉是美事一桩。

我将既往的这些文字，东搜西罗，略作删改，居然凑成一个主题，围绕公共考古话题，这是我事先没有想到的。将这些零散的文字分归为会议致辞、图书序跋、书评文论和赋闲随想几节，现在题名为"月西日东"，也是合了那些古老岁月的故事吧。这些文字能在中州古籍出版社付梓，也是一种缘分了。

能够收集起来这些文字，也与我20多年来所做的事情有关，这个事便是公共考古。相关会议上我都有讲到公共考古，也曾组编了大小几套考古科普图书，在这样的过程中就形成了一些思考。我虽然担任着中国考古学会公共考古专业指导委员会主任一职，对于公共考古有一些讨论，但觉得认识还不太系统，现在将这些文字集中起来，也是对既往心路历程的一次梳理，与同道者也是一个交流。

我所经历的公共考古活动，已经由起初的悄悄进行，到如今的大张旗鼓展开，这气势感觉是不可同日而语的。我曾经说一切考古都可以看作公共考古，不仅仅是学科普及。过去普及活动做得较多，今后也还会有这样的需求。现在考古已经是社会文化建设的重要内容，我们这个原本只限于象牙塔里的学问有了更多展示的机会，也有了更多更现实的意义，这当然也就是公共考古了。

现在做考古，责任更重，底气更足。而公共考古，有了学科更大力度的支撑，相信一定会取得更大的成绩。

王仁湘

2021年12月21日于京中寓所